Otra guerra

RAFAEL HERNÁNDEZ (Cabaiguán, 1948) se graduó de maestro en Ciencia Política en El Colegio de México. Ha sido profesor e investigador en la Universidad de La Habana y en el Centro de Estudios sobre América, donde dirigió durante dos décadas los estudios norteamericanos. Ha ejercido la docencia y la investigación en universidades de México y de los Estados Unidos. Autor de numerosos artículos y libros sobre relaciones interamericanas, emigración, política norteamericana, seguridad internacional, política y cultura cubanas. Actualmente es investigador en el Centro de Investigación y Desarrollo de la Cultura Cubana Juan Marinello y dirige la revista *Temas*.

Otra guerra
Ensayos cubanos sobre estrategia y seguridad internacional

Rafael Hernández

Política

EDITORIAL DE CIENCIAS SOCIALES, LA HABANA, 1999

Edición: Mayra Díaz Arango
Diseño: Deguis Fernández Tejeda
Emplane automatizado: Golde Szklarz Grinfeld
Corrección: Natacha Fajardo Álvarez
Realización: Haydée Cáceres Martínez

I.S.B.N.: 959-06-0383-1
Depósito Legal: M-33800-1999
Imprime: S.S.A.G., S.L. - MADRID (España)
Tel.: 34-91 797 37 09 - Fax: 34-91 797 37 73

Estimado lector, le estaremos muy agradecidos si nos hace llegar su
opinión por escrito, acerca de este libro y de nuestras ediciones.

Instituto Cubano del Libro
Editorial de Ciencias Sociales
Calle 14 no. 4104, Playa, Ciudad de La Habana, Cuba.

Índice

A la memoria de Hugo Azcuy

Prólogo

Cuba es un país singular. Aunque de otros países se afirma lo mismo, la Isla ha adquirido en la segunda mitad de este siglo una significación que nadie habría podido imaginar en la primera mitad, o en cualquier otro período de su historia, incluso en los años cruciales en que fue una base para la expansión imperial de España hacia el resto de las Américas. Y quizás de manera paradójica este aumento de la significación se ha visto acompañado por una mengua en la comprensión de la comunidad internacional acerca de por qué Cuba es como es y cuál ha sido el proceso histórico que lo ha motivado.

La situación se ha complicado aún más debido al debate ideológico desatado en torno a Cuba, que ha versado sobre la legitimidad de su sistema político, económico y social, así como sobre las diversas etapas por las que ha atravesado su cambiante contexto internacional desde el triunfo de la Revolución a principios de 1959. A menudo se espera de los observadores no ya que traten de entender a Cuba, sino que tomen partido en lo que concierne a su sistema revolucionario. Esta postura no se identifica necesariamente con la de la comprensión.

Más allá de lo que cada cual pueda afirmar, lo cierto es que la Revolución Cubana es un producto virtualmente sui generis *de la experiencia nacional acumulada hasta entonces, en especial durante las pocas décadas transcurridas desde la independencia del país. Esto no quiere decir que los factores internacionales no hayan desempeñado un papel fundamental en esa experiencia; sólo pretendo sugerir que formaban parte del período vivido y que proporcionaron el contexto para la evolución de un pensamiento nacional acerca de las maneras posibles en que Cuba podía avanzar hacia el futuro.*

Como soy historiador, no siento la tentación de afirmar que la Revolución era inevitable. Eso no es verdad. No obstante, sí era una expresión enteramente legítima de las tendencias fundamentales de la vida política cubana que la precedieron, y no debía haber constituido una sorpresa para ninguno de los pocos estudiosos de los asuntos cubanos de fines de la década de los 50. Como ha apuntado Antoni Kapcia, las tendencias del pensamiento cubano prerrevolucionario acerca del papel del Estado, la moral, el activismo, la sociedad agraria, la cultura nacional, el colectivismo y la propia revolución conducían lógicamente a los acontecimientos de aquella década, y sembraron las semillas no sólo de la rebelión, sino también de los cambios que se produjeron después de su victoria.

Son muchos los que desean negar estos hechos, y ello no ha ayudado a entender el verdadero fenómeno vivido por Cuba durante su período de independencia, en especial en las últimas cuatro décadas. Y a pesar de la coetánea multiplicación exponencial de especialistas en asuntos cubanos, el verdadero conocimiento acerca de la República insular sigue siendo problemático. En nada ha contribuido el intento de aislar al país mediante un bloqueo económico y toda una serie de presiones relacionadas con éste.

Si bien esta ignorancia sobre Cuba como un todo es fácil de apreciar hoy día, el área específica de los estudios sobre la seguridad cubana es aún más desconocida. Porque a las dificultades anteriores se une la muy obvia de que la seguridad es un tema rodeado de secreto y desconfianza incluso en las mejores épocas. Es tradición que las fuerzas armadas no sean proclives a hablar abiertamente sobre sus planes, sus dimensiones, su equipamiento y armamento, sus tácticas y su doctrina. Los servicios de inteligencia se inclinan todavía menos a hacerlo.

Y en este terreno, de nuevo, la situación de Cuba es extrema. Con el país sitiado, amenazado virtualmente desde el triunfo de la Revolución y con una soberanía antes limitada, los cubanos no han sentido la menor inclinación a dejar que el mundo conozca sobre aquellos elementos que se ha considerado necesario mantener secretos. La mentalidad de plaza sitiada, que ha prevalecido en Cuba durante varias décadas en mayor o menor grado, ha reforzado la tendencia natural a proteger los secretos militares.

No obstante, la anterior afirmación requiere ser matizada. La Habana ha contado con pocos aliados regionales –cuando los ha tenido–. Aunque durante un largo período contó con aliados extrarregionales ubicados muy lejos de su territorio, generalmente ha estado sola en el contexto de las Américas. Cercana a los Estados Unidos, se ha visto obligada a adoptar estrategias de disuasión que garantizaran que ese país lo tuviera que pensar dos veces antes de embarcarse en

*una aventura intervencionista en la Isla. Esto ha impli-
cado una política de disuasión basada sobre una fuerza
visible, combinada con secretos bien guardados, y no
sólo sobre el primer elemento de esta ecuación. Las
capacidades defensivas del país tenían que ser efectivas
e impresionantes, al tiempo que se limitaban las informaciones que permitieran excesivos análisis sobre las
fuerzas armadas realmente disponibles.*

*De cualquier forma, alguna apertura resultaba nece-
saria. La Guerra de Todo el Pueblo, como las posturas
estratégicas que la precedieron, se basaban en la movilización y el involucramiento masivos de la población en el
esfuerzo de la defensa. Al Servicio Militar General se
sumaron mecanismos voluntarios que incorporaban a
amplios sectores de la población al esfuerzo de disuasión.*

*El éxito resultó excepcional. De modo totalmente
contrario a la tradición en lo que respecta a América
Central y el Caribe, el Pentágono ha tomado en serio,
de manera sostenida, el potencial cubano de defensa
nacional. Ya en 1961, al efectuarse la invasión de Playa
Girón, los militares estadounidenses tendían a disentir
en sus juicios de sus contrapartes de la Agencia Central
de Inteligencia, no sólo sobre las capacidades de defensa nacional de la Isla, sino también en lo relativo al
grado de descontento popular explotable en Cuba. Este
análisis, más elaborado, ha continuado hasta el momento y quedó expuesto en la evaluación del Pentágono,
que, en respuesta a la Enmienda Graham de 1997,
señaló que Cuba no constituía una amenaza militar
significativa para los Estados Unidos. Es obvio que
cuando en Washington se ha discutido lo que hay que
hacer con respecto a Cuba, la opción militar ha sido,
en general, la menos atractiva para los militares.*

XII

Sin embargo, fuera del Pentágono el conocimiento sobre la esfera militar y sobre la seguridad nacional cubanas ha sido escaso. Pocas obras significativas se han escrito sobre el tema. Y todas han adolecido de una falta de acceso a informaciones relevantes de diversos tipos. No existe una historia seria de las Fuerzas Armadas Revolucionarias cubanas que haya tenido acceso a los archivos del Ministerio de las Fuerzas Armadas Revolucionarias (MINFAR). Y si bien aquí y allá se encuentra alguna información fragmentada sobre el papel de los militares cubanos en África, la cooperación cubana con las fuerzas armadas de la Nicaragua sandinista o con los movimientos guerrilleros de diversas épocas en la América Latina, o sobre los cubanos en Granada, hasta el momento no se ha realizado un esfuerzo suficiente para proporcionarle a la comunidad internacional un panorama general de la seguridad cubana.

Y es una lástima, porque se trata de un tema de enorme interés. Otro canadiense, el profesor Edgar Dosman, ha logrado acceso a los materiales sobre el papel de los militares cubanos en Angola que se encuentran en los archivos militares y del Ministerio de Relaciones Exteriores. No hay dudas de que su libro, que pronto se publicará, será un aporte de interés sobre el tema. Pero en todos los demás asuntos la falta de información es casi total. No existe ningún estudio capital, de carácter integral, sobre la perspectiva cubana acerca de la Crisis de Octubre de 1962, aunque Rafael Hernández llena bastante ese vacío con su capítulo pionero sobre el tema que aparece en este libro. Se ha escrito poco sobre el papel de los militares cubanos en el resto de África, el apoyo a insurgencias y gobier-

nos revolucionarios en la América Latina y el Caribe, la experiencia militar cubana en Granada, las perspectivas cubanas acerca de las operaciones que se realizaron para combatir el desembarco en Playa Girón, sus Fuerzas Armadas y la interceptación de narcóticos e inmigrantes ilegales, y otra docena de temas al respecto.

No obstante, algunos cubanos escriben sobre el tema de la situación de seguridad de la nación desde hace años, aunque sería una exageración calificar de grupo a ese puñado de dedicados investigadores. Autores como Carlos Alzugaray, Luis Suárez Salazar y algunos otros han trabajado el ámbito de la política exterior de Cuba, que por necesidad incluye una gran cantidad de análisis estratégico, dada la situación de seguridad cubana. Pero no se han convertido en especialistas. Y en el seno de las fuerzas armadas, el Centro de Estudios de Desarme y de Seguridad Internacional (CEDSI) ha reunido a lo largo de los años a un número de estudiosos que son miembros de sus filas.

Pero en las dos últimas décadas dos nombres han dominado el campo de los estudios estratégicos en Cuba. Se trata de Isabel Jaramillo Edwards y de Rafael Hernández. La primera, quien desde hace tiempo trabaja en el Centro de Estudios sobre América (CEA), ha realizado un amplia contribución al tema y, como es chilena, ha resultado especialmente útil para presentar las preocupaciones cubanas sobre este campo en foros académicos en el resto del mundo. El segundo se ha colocado en el centro de la escena cubana en todo lo concerniente a los temas de estrategia.

Rafael también trabajó mucho tiempo en el CEA. Sin embargo, pronto descolló como un individuo dotado con múltiples talentos, cuyo conocimiento de temas culturales, sociales, económicos y políticos más amplios le planteaba grandes demandas también fuera de la esfera estratégica. A ello se añade que su excepcional habilidad para el análisis de las políticas y contextos estadounidenses resultaba especialmente útil en un país que no siempre ha contado con el mejor de los accesos a la información sobre la superpotencia regional que ha tenido tan tremendo efecto sobre su vida nacional. No obstante, Rafael, quien se desempeña ahora como investigador titular en el Centro Juan Marinello y como director de la prestigiosa revista Temas, nunca perdió el interés por los temas de estrategia.

La presente obra es un resultado de ese continuado interés. Me sentí sumamente complacido cuando me invitó a escribir este prólogo debido a la importancia de estos ensayos en términos de su contenido, así como por lo que representa contar al fin con un volumen sobre cuestiones cubanas de seguridad. Por las razones antes explicadas, esos asuntos a menudo no son bien comprendidos, o son deliberadamente tergiversados, y un libro como este, que sin dudas despertará interés en vastos sectores, tanto dentro, como fuera de Cuba, necesariamente pondrá a sus lectores en el camino para entender la perspectiva cubana sobre temas fundamentales que de manera general se discuten en círculos académicos y militares en su mayor parte extranjeros.

La colección de ensayos que aquí se recoge constituye una muestra amplia y representativa de la obra de Rafael Hernández en el campo de la seguridad cubana. Se puede apreciar en ellos su habilidad para presentar, tanto los detalles, como las exposiciones generales de los temas de relaciones internacionales y de defensa. En los dos casos la temática se maneja con seguridad y comparte con el lector sus análisis profundos sobre asuntos del momento, así como descripciones más terre-à-terre de acontecimientos y momentos claves específicos. En todos los artículos brinda un punto de vista cubano de interés e importancia para el analista que trabaja en este campo o para los que simplemente se interesan por los asuntos cubanos.

Con títulos como "Cultura y concertación regional en el Caribe" junto a "Treinta días: lecciones de la Crisis de Octubre y las relaciones cubanas con los Estados Unidos", Rafael Hernández anuncia desde el principio la amplitud de los temas que tratará, así como las maneras en que los abordará. Los ensayos reunidos aquí han sido presentados al público en Cuba y en el extranjero durante el transcurso de esta década, y muestran a un autor que se maneja igualmente bien con los temas de política exterior que con los relativos a asuntos estratégicos, y que gusta de poner muchas cosas bajo la muy útil sombrilla del análisis cultural. De hecho, este enfoque subtiende de tal manera la obra de Rafael Hernández que no resulta sorprendente que en la actualidad gran parte de sus escritos se inscriban en esa esfera general.

Si bien el impulso que anima su obra es obviamente cubano, el autor rara vez brinda sólo la perspectiva de la Isla al abordar sus temas. Rafael es un investigador y analista demasiado bueno para quedarse sólo en eso. Así, cuando analiza la Crisis de Octubre muestra los puntos de vista soviético y estadounidense sobre cuestiones claves, al tiempo que insiste en la dimensión cubana del asunto, a menudo pasada por alto. En su ensayo "Cuba y la seguridad en el Caribe" no se limita

al plano de la seguridad, sino que rápida y magistral-
mente analiza asuntos tan diversos como la inmigra-
ción, la salud y las drogas, con una real comprensión
de las preocupaciones estadounidenses, mientras insis-
te en el potencial de cooperación bilateral que se pierde
en todos estos campos debido a la actual política de los
Estados Unidos.

En este grupo de ensayos de tanta utilidad, Rafael
Hernández se nos revela como un investigador que se
siente igualmente a sus anchas al tratar asuntos milita-
res y civiles, de política interna y exterior, de asuntos
estratégicos de gran envergadura y de táctica, insur-
gencia y contrainsurgencia, de analisis histórico y de
análisis biográfico. Sería deseable que este volumen se
tradujera al inglés al tiempo que se publica en español.
Los ciudadanos extranjeros interesados en Cuba, en
especial los que estudian la política exterior y la defensa
cubanas hallarán que esta es la mejor obra de las
existentes sobre esos temas.

No resulta sorprendente que los editores cubanos
decidieran que el escritor cubano que deseaban respal-
dar en este campo era Rafael Hernández. Él lo ha hecho
suyo. Nosotros, los lectores, somos los máximos bene-
ficiarios de esta acertada decisión.

HAL KLEPAK
Latin American Centre
St. Anthony's College
Oxford

Introducción

Este libro recoge un conjunto de ensayos escritos en la década de los 90 acerca de estrategia y seguridad cubanas.

Los trabajos aquí reunidos examinan retrospectivamente algunos acontecimientos de la guerra fría que atañen directamente a Cuba, desde la perspectiva privilegiada del ocaso de este período, así como los nuevos (y viejos) asuntos de la posguerra fría, en la medida en que afectan la seguridad y la política exterior cubanas, y la seguridad internacional, especialmente en el área del Caribe.

La mayoría de estos textos fueron escritos mientras desempeñaba labores de investigación y dirigía los estudios norteamericanos en el Centro de Estudios sobre América (CEA); algunos otros fueron redactados con posterioridad a 1996. Varios aparecieron originalmente en libros y revistas publicados en los Estados Unidos, América Latina o Cuba, y particularmente en la revista *Cuadernos de Nuestra América*.

Me he decidido a reunirlos en este volumen porque pienso que mantienen actualidad, aunque el lector advertirá referencias a las coyunturas en que fueron escritos. No he querido modificar la redacción original, salvo cambios menores. Naturalmente, he preferido darles un orden lógico, de acuerdo con sus temas, y no cronológico, según fueron escritos, con el propósito de que tengan una organicidad como libro.

Los ensayos que abren el volumen echan una mirada al momento más álgido de la guerra fría en los inicios de la Revolución Cubana. El primero, un texto inédito, "En el cénit de la guerra fría"(1997) –redactado para un encuentro celebrado en el Queens College de Canadá– trata sobre la insuficiencia de los mecanismos de seguridad regional para evitar las crisis, tomando como casos los de Playa Girón y la Crisis de Octubre. A este último tema ya le había dedicado un ensayo más extenso, con el título de "Treinta días: las lecciones de la Crisis de Octubre y las relaciones cubanas con los Estados Unidos" (1991) –y que aquí aparece como segundo capítulo del libro–. Este en particular nació de mi participación en las conferencias soviético-norteamericano-cubanas sobre la Crisis efectuadas en Moscú, Antigua y La Habana a partir de 1989. El lector advertirá en los dos textos una serie de convergencias y coincidencias narrativas, propias de su comunidad temática.

Algunos otros puntos de contacto pueden detectarse fácilmente entre los restantes trabajos, aunque no creo que lleguen a resultar redundantes. "Cuba y la seguridad en el Caribe"(1994) y "Aprendiendo de la guerra fría. Cuba y Viet Nam en la política exterior de los Estados Unidos"(1993) fueron escritos con el apoyo del Woodrow Wilson Center de Washington. El primero fue presentado en el encuentro que organicé en Caracas, en 1992, sobre *Cuba y el Caribe en la posguerra fría*, con el auspicio de este Centro y del Instituto Venezolano de Estudios Políticos (INVESP); el segundo fue redactado durante una estancia de investigación en el Wilson Center en el invierno de 1992-1993. Los dos intentan razonar sobre el conflicto entre Cuba y los Estados Unidos desde una perspectiva internacional y regional.

Desde un ángulo más específico, "El problema de la 'solución del conflicto' en las relaciones Estados Unidos-Cuba"(1993) –elaborado para un evento sobre Cuba organizado por la Universidad Carlton, en Ottawa e inédito en nuestro país– trata de adentrarse en asuntos puntuales de la confrontación entre los dos países, y de discutir los límites de un acercamiento a partir del paradigma de la resolución de conflictos.

"Cultura y concertación regional en el Caribe" (1997), también inédito –y preparado para una conferencia sobre seguridad colectiva en el Caribe celebrada en Barbados–, se propone explorar algunos problemas y mecanismos de la colaboración cultural, y valorar su significado para el acercamiento intracaribeño en torno a temas que también integran la agenda de seguridad subregional.

Vistos en su conjunto, pienso que podrían contribuir a ilustrar en qué medida los problemas estratégicos y de seguridad son centrales a la proyección internacional cubana en el mundo de la guerra y de la posguerra frías, así como, sobre todo, a entender que aquellos no se subsumen en el plano estrictamente militar, sino que se intersectan en una perspectiva multidimensional, de la que participa el estudio de la política, la sociedad y la cultura.

Quiero reconocer muy especialmente la labor de mi editora, Mayra Díaz Arango, quien cotejó cuidadosamente los textos, revisó la redacción y contribuyó a la configuración final del libro. Agradezco a mis compañeros del antiguo CEA, a las especialistas de su Oficina de Documentación, a Joseph Tulchin, Andrés Serbín, Hal Klepak, Haroldo Dilla, Isabel Jaramillo, Francisco Rojas, por haberme estimulado a escribir estos trabajos o haberme entregado sus comentarios críticos generosamente. Desde luego, los defectos que en ellos subsisten son de mi entera responsabilidad.

En el cénit de la guerra fría
Los acuerdos de seguridad regional en el escalamiento de conflictos

Este ensayo se propone examinar algunos usos históricos de los instrumentos de seguridad colectiva regional y su incidencia en el escalamiento de conflictos, a partir de situaciones de intervención de la potencia hemisférica –los Estados Unidos–, de manera particular en torno a un caso latinoamericano –Cuba– durante el auge de la guerra fría.

El camino al Tratado de Río: una mirada retrospectiva

La cuestión de la "amenaza extrahemisférica" ha sido la espina dorsal del enfoque norteamericano sobre seguridad regional predominante desde la Doctrina Monroe hasta la guerra fría. No es casual que fuera precisamente en el entorno de la II Guerra Mundial que se desplegaran las principales acciones que condujeron al establecimiento del Tratado Interamericano de Asistencia Recíproca (TIAR). Prestando un oído atento –como diría Coleridge– a las voces que profetizaban la guerra, Franklin Roosevelt se adelantó a convocar en 1936 la Conferencia Interamericana Extraordinaria de Buenos Aires. Su objetivo declarado era "proteger mejor el mantenimiento de la paz en las repúblicas americanas",[1] y representó un hito en la consolidación del llamado "principio de la solidaridad continental", al establecer la obligatoriedad de consultas en relación con hechos que amenazaran la paz en el hemisferio, incluyendo acontecimientos extrahemisféricos, como "una guerra internacional fuera de América". Las reuniones de consulta entre Ministros de Relaciones Exteriores americanos ocurridas en Panamá (1939), La Habana (1940) y Río de Janeiro (1942) respondieron a esta pauta, que conduciría inexorablemente –aunque con significativos zigzagueos– al TIAR (1947).[2]

La reunión de cancilleres de La Habana tuvo especial significación doctrinal y práctica. Por una parte, estableció que "todo atentado de un Estado *no americano* contra la integridad e inviolabilidad del territorio, contra la soberanía e independencia política de un Estado americano, será considerado como un acto de agresión contra los Estados que firman esta declaración".[3] Esta formulación, que ya prefigura de manera primaria el artículo 6 del TIAR, refleja claramente la intencionali-

1 *Actas de la Conferencia de Consolidación de la Paz*, Congreso Nacional, Buenos Aires, 1936, p. 2.
2 Miguel Alfonso: "La creación del 'sistema interamericano': ¿Imposición imperialista o ceguera política de los círculos de poder latinoamericanos?", en *Cuadernos de nuestra América*, vol. III, no. 5, La Habana, enero-junio de 1986, p. 15 *et passim*.
3 *Conferencias Internacionales Americanas, Primer Suplemento (1938-1942)*, Carnegie Endowment for International Peace, Washington, 1943, p. 115. [Énfasis del autor].

dad norteamericana de fondo. Su lectura retrospectiva –enfatizando la especificación que he destacado en la cita– subraya el peso fundamental de la dimensión extrahemisférica. De hecho, además de otros pasos importantes,[4] el Acta de La Habana arrastraba a los países del hemisferio a una obligatoria "no neutralidad" en relación con el conflicto europeo.

Estas nociones tuvieron una importancia difícil de exagerar en la evolución futura de los acuerdos de seguridad hemisférica y en los principales acontecimientos en que se invocara la asistencia recíproca a lo largo de la guerra fría, de manera muy especial en los que se analizan más adelante.

En qué medida los propios gobiernos de la región, actuaron unánimemente y siguieron una misma línea de intereses en función de contribuir a consolidar el proyecto norteamericano del sistema es una cuestión controvertida.[5] Aunque seguramente todos los gobiernos latinoamericanos asumieron la consolidación de la hegemonía norteamericana emergente de la II Guerra

4 La reunión de La Habana también abrió las puertas a nuevas bases militares norteamericanas en el hemisferio e incluso a la posibilidad de ocupar territorios ultramarinos de potencias europeas que cayeran bajo el poder de la Alemania nazi –como iba a ser el caso de Francia y Holanda–. También desbrozó el camino para la creación de la Junta Interamericana de Defensa –lo que se consagró en la reunión de Río de Janeiro (1942)–. Finalmente, acordó una resolución sobre "La propagación de doctrinas tendentes a poner en peligro el común ideal democrático interamericano", antecedente clave de las acciones contra Guatemala, Cuba y otros países de la región en los años de la guerra fría.
5 Para una minuciosa argumentación acerca de esta tesis véase Miguel Alfonso: "La creación del 'sistema interamericano': imposición imperialista o ceguera política de los círculos de poder latinoamericanos", artículo citado.

Mundial como un hecho patente, sus actitudes en cuanto a la articulación y márgenes de obligación que establecería el nuevo sistema reflejaban distintos matices, de forma particular acerca de la manera de percibir los intereses nacionales y regionales en juego. El surgimiento del sistema interamericano bajo la lógica de la subordinación a una estructura supuestamente universal –la de las Naciones Unidas– contribuyó a reforzar cierta desconfianza original entre los latinoamericanos. Estas diferencias se harían evidentes en la Conferencia de Chapultepec, en 1945, lo que se reflejaría en una clara discrepancia de intereses con los de los Estados Unidos. La asunción de un discurso que podría considerarse un eco de la Doctrina Monroe por parte de los países latinoamericanos en Chapultepec podría interpretarse, no meramente como una reverencia ante la hegemonía estadounidense, sino más bien como una manera de escurrirse de la lógica suprarregional emergente de Yalta, de la única manera coherente con el estado de la balanza de poder en las relaciones interamericanas, *i.e.*, procurando fortalecer los compromisos que ataban a los Estados Unidos a la lógica de *intereses hemisféricos*, definibles por oposición a *globales*.[6]

Otro elemento no precisamente idéntico al interés norteamericano en el Acta de Chapultepec es su replanteamiento del concepto del agresor, lo que constituye un adelanto en el camino de la formulación del artículo 6 del TIAR: "todo atentado de un Estado contra la integridad o la inviolabilidad del territorio, o contra la

6   Esto explica que en la Conferencia de San Francisco, en 1945, donde se constituyó la ONU, Cuba y Colombia votaran en contra del derecho a veto en el Consejo de Seguridad; y que la mayoría de los países latinoamericanos se abstuviera.

soberanía o independencia política de un Estado americano, será considerado como un acto de agresión contra los demás Estados que la firman".[7] Como ha sido observado reiteradamente por los comentaristas, esta caracterización, al menos en teoría, incluye la agresión intrahemisférica; o lo que es lo mismo, permite cuestionar las acciones agresivas de cualquier Estado americano contra otro –incluidos los propios Estados Unidos–.

El rápido tránsito de la posguerra a la guerra fría facilitó, en cambio, la estructuración de pactos regionales en todo el mundo, de manera que el anunciado nuevo orden mundial de seguridad colectiva de las Naciones Unidas se materializaría de forma real como la polaridad Este-Oeste. Como se sabe, fue precisamente el TIAR, surgido de la reunión de Río, en agosto de 1947, el primer pacto dirigido a eludir la sujeción al régimen universalista del Consejo de Seguridad de la ONU. Esta elusión se expresa al ampliar considerablemente el concepto de agresión más allá de los términos de ataque armado;[8] y al plantear la obligación de los Estados firmantes del TIAR para tomar medidas diplomáticas, aislar e incluso usar la fuerza armada contra el que "amenazara la paz".[9]

A partir de entonces, se invertirían los papeles de Chapultepec: los Estados Enidos estarían a favor de

7   *Acta Final de la Conferencia Interamericana sobre Problemas de la Guerra y de la Paz*, Unión Panamericana, Washington, 1945, parte 1, párrafo 3.
8   "(...) por una agresión que no es un ataque armado, o por un conflicto extracontinental o continental, o por cualquier otro hecho o situación que pusiese en peligro la paz de América (...)"(artículo 6). Citado en *Alianza para el progreso y gorilismo. Bloques, bases y pactos militares yanquis en América Latina*, OLAS, Cuba, 1967, p. 15.
9   Ibídem, artículo 8.

fortalecer el sistema regional, más conveniente para sus fines, en la lógica de la guerra fría predominante en el hemisferio, mientras que los latinoamericanos se expresarían con preferencia por el sistema de seguridad de la ONU.[10] La causa principal de esta inversión tiene que ver con los usos de la asistencia recíproca en las décadas de los años 50 y 60, y muy en particular con la emergencia de focos de crisis que supuestamente "amenazaban" la balanza de poder regional y global de los Estados Unidos en el contexto de la guerra fría. El principal de estos focos fue, obviamente, la Revolución Cubana.

La evaluación de este uso del TIAR para los latinoamericanos treinta años después la haría un observador canadiense de la siguiente manera:

[Para los latinoamericanos] el TIAR era (o para ser más exactos en sentido histórico) había llegado a ser un instrumento para servir a la estrategia global o los intereses de los Estados Unidos durante la guerra fría, y que había sido utilizado erróneamente para imponer sanciones a Cuba.[11]

La seguridad colectiva en la era de la Revolución Cubana

A partir de 1959, Cuba se convirtió rápidamente en el socio discordante dentro del sistema interamericano.[12]

10 Alfred Pick: "El protocolo firmado en San José introduce reformas al TIAR", en *Estrategia*, no. 39, marzo-abril de 1976.
11 Alfred Pick: Ibídem, p. 62.
12 Gordon Connell-Smith: *Los Estados Unidos y la América Latina*, Fondo de Cultura Económica, México, 1977 [Cap. VII: "Los Estados Unidos y la América Latina en el mundo de la posguerra (II): a partir de la Revolución Cubana", pp. 257-299]

Las acciones subversivas contra el joven régimen revolucionario desde bases en los Estados Unidos y República Dominicana, con la colaboración activa de los regímenes de Nicaragua y Guatemala, crearon de hecho un escenario de agresión evidente, que la Cancillería cubana se encargaría de denunciar y documentar ampliamente en las reuniones de consulta de los Ministros de Relaciones Exteriores convocadas a distintos efectos a lo largo de 1959 y 1960.

A pesar del predominio norteamericano en estos foros, Cuba siguió funcionando como un miembro del sistema interamericano y recurriendo a los mecanismos establecidos. Por ejemplo, durante la Sexta Reunión de Consulta de Ministros de Relaciones Exteriores de las repúblicas americanas, en San José, en agosto de 1960, Cuba invocó el TIAR para apoyar la imposición de sanciones al régimen de Trujillo en República Dominicana, acusado de intervención en los asuntos internos de Venezuela.[13] Sin embargo, en la misma medida en que se cuestionaba el carácter ajeno a "los valores y tradiciones del sistema interamericano" del gobierno de la Isla, era también evidente que las presiones norteamericanas enrarecían el entorno cubano en el hemisferio. De esta manera, ya en la VII Reunión en San José, el gobierno revolucionario, defendiéndose de las acusaciones de representar "intereses extrahemisféricos" de parte de los Estados Unidos y sus más cercanos aliados, reafirmaría su derecho a llevar sus preocupaciones de seguridad al Consejo de la ONU.[14]

13 Raúl Roa: "Intervenciones en la Sexta Reunión de Consulta de Ministros de Relaciones Exteriores de las repúblicas americanas", en *Retorno a la alborada*, t. II, Universidad Central de Las Villas, 1964, pp. 241-242.
14 Ibídem, p. 248.

En esta disposición cubana a rebasar el marco del sistema regional influyó seguramente no sólo la tendencia latinoamericana apuntada más arriba, sino muy en particular el antecedente de Guatemala en 1954. Efectivamente, en el contexto de la X Conferencia Interamericana convocada por los Estados Unidos en Caracas, éstos habían abogado por una resolución que acusaba al gobierno democráticamente electo de Jacobo Arbenz de ser una amenaza para la paz del hemisferio, en los siguientes términos:

> La dominación o el control de las instituciones políticas de un Estado americano por *el movimiento comunista internacional*, al extender a este hemisferio *el sistema político de una potencia extracontinental*, constituiría *una amenaza* para la soberanía y la independencia política de los Estados americanos, poniendo en peligro *la paz de América*, y requeriría la convocatoria de una reunión de consulta para considerar la adopción de *una acción apropiada*, de acuerdo con los tratados existentes.[15]

A pesar de la resistencia inicial de la mayoría de las repúblicas latinoamericanas, bajo la presión norteamericana, esta resolución se aprobó.[16] Y aunque la mayoría de los países de la región se abstuvieron de cooperar

15 Resolution 92, *Report of the Delegation of the United States, Tenth Inter-American Conference*, Caracas, Venezuela, March 1-28, 1954, Washington, DC, GPO, 1954, pp. 156-157. [Énfasis del autor].

16 Este cuadro de fuerza sobre Guatemala es reconocido incluso por autores libres de la sospecha de compartir la perspectiva de los procesos revolucionarios en América Latina y que a menudo incluso justifican la intervención norteamericana. Véase Federico G. Gil: *Latinoamérica y Estados Unidos. Dominio, cooperación y conflicto*, Editorial Tecnos, Madrid, 1975, p. 195.

militarmente en contra del gobierno guatemalteco, el consentimiento latinoamericano –expresado en el mecanismo de la "consulta obligada" sobre la "asistencia recíproca" en materia de seguridad colectiva– allanó el camino para que tres meses después los Estados Unidos organizaran, armaran y apoyaran una expedición contrarrevolucionaria desde Honduras y Nicaragua. Mientras el Consejo de Seguridad de la ONU y la Comisión Interamericana de Paz se ponían de acuerdo sobre cuestiones de procedimiento, el gobierno guatemalteco era derrocado por la fuerza.

La posible aplicación de la fórmula guatemalteca contra Cuba era un hecho público. Desde abril de 1959, el senador Smathers, representante de los intereses azucareros de la Florida, identificaba abiertamente al gobierno revolucionario de Cuba con el de Jacobo Arbenz.[17] La Declaración de San José, resultado de la VII Reunión de Consulta, en agosto de 1960, reproducía casi textualmente en relación con Cuba los términos de la Declaración de Caracas, citados en relación con el caso guatemalteco. A esas alturas, la escalada contra la Revolución Cubana estaba en su apogeo. Cinco meses antes de esa reunión de cancilleres en San José, en marzo de 1960, el presidente Eisenhower había autorizado lo que la CIA llamó la Operación Pluto, más conocida luego como el plan de Bahía de Cochinos, inspirado casi literalmente en la pasada acción contra Guatemala.

Esta cercana experiencia pesaría en las percepciones del gobierno cubano, sometido a la hostilidad temprana de los Estados Unidos y a sus clásicas prerrogativas dentro del sistema interamericano, como una elocuente

17 Raúl Roa: ob. cit., p. 290.

lección acerca de la necesidad de defenderse con algo más que la confianza en la Asistencia Recíproca y la diplomacia en los organismos internacionales, y a ver en los órganos del sistema interamericano meros instrumentos de la conspiración de los Estados Unidos contra la Revolución. Esta percepción de amenaza pesaría decisivamente en la opción de apoyarse en la alianza con "una potencia extrahemisférica", aunque a la altura de aquellos dos primeros años de la Revolución, esta alianza estaba todavía lejos de concretarse.[18]

Playa Girón.
Crónica de una agresión anunciada

Como se ha señalado, en el plan de Playa Girón, la CIA partió de una concepción estratégica idéntica a la de Guatemala: entrenar a un centenar de exiliados que protagonizaran un golpe.[19]Es difícil demostrar que la operación de Guatemala estuvo mejor montada técni-

18 Véase Alexei Alexeev: "Cuba después del triunfo de la Revolución" [Primera y segunda parte], en *América Latina*, nos. 10 y 11, octubre y noviembre de 1984, Moscú; y Richard Welch: *Response to Revolution: the US and the Cuban Revolution 1959-61*, The University of North Carolina, 1985.

19 La CIA operó desde la misma base de Opa-Locka, planeó el apoyo aéreo con aviones de la II Guerra Mundial y pilotos norteamericanos, y contó incluso con oficiales de campo que habían trabajado en la acción contra el gobierno de Arbenz, como fue el caso del ejecutivo de la operación, Jake Engler, o de David Atlee Phillips, quien inventaría la anticubana Radio Swan a partir de la "Voz de la Liberación" guatemalteca. Véase Peter Wyden: *Bay of Pigs. The Untold Story*, Simon and Schuster, New York, 1979; Juan Carlos Fernández: *La batalla inevitable*, Editorial Capitán San Luis, La Habana, 1996.

camente que el proyecto contra Cuba. Su éxito a bajo costo preparó el camino para el desastre de Bahía de Cochinos.

A pesar de su desconfianza, tanto ante el sistema interamericano, como ante los órganos de las Naciones Unidas, Cuba agotaría los mecanismos diplomáticos a su alcance. Entre octubre y diciembre de 1960, la delegación cubana llevaría ante la Asamblea General y el Consejo de Seguridad los detalles de la preparación del ataque de Playa Girón, mencionando a los países involucrados (Guatemala y Nicaragua), los sitios donde se realizaba el entrenamiento, la cantidad de asesores norteamericanos y medios militares en el terreno, y hasta los lugares de Miami y Nueva York donde eran reclutados los exiliados que se sumarían a la expedición.[20] Asimismo, denunció la aplicación de medidas económicas contra la Isla, desde la supresión de la cuota azucarera hasta otras sanciones comerciales. No obstante, de sus numerosas solicitudes, avalando con datos concretos la progresión de las acciones de fuerza y la inminencia de una acción militar, las presiones norteamericanas no permitieron que la cuestión cubana se incluyera formalmente en la agenda de la Asamblea General. Incluso en víspera del ataque, ya iniciados los bombardeos contra los aeropuertos militares cubanos, la presidencia de la Asamblea General impidió al Ministro de Relaciones

20 Véase Raúl Roa: "Réplica al delegado de Guatemala", Asamblea General (892 sesión plenaria), octubre 7, 1960, ob. cit., pp. 350-352; "Pedimento de Cuba", Asamblea General, octubre 31, 1960, ob. cit., pp. 382-402.

Exteriores cubano intervenir en la Asamblea General, alegando una razón de orden reglamentario.[21]

El Departamento de Estado pidió el más bajo perfil posible de los medios militares norteamericanos en la operación. Esta actitud tenía múltiples causas, entre ellas, la extrema confianza norteamericana en el éxito de la Operación Pluto, su reconocimiento de la simpatía hacia Cuba por parte de amplios sectores políticos en América Latina, y en particular la reticencia de la mayoría de los gobiernos latinoamericanos de aparecer envueltos en una acción colectiva, o de cohonestar "un ataque armado contra un Estado americano por otro Estado cualquiera". Tan asegurada estaba la aplicación de la fórmula guatemalteca para la CIA, y tan eficaz parecía su versión corregida y aumentada en el caso de Bahía de Cochinos, que no sólo se limitó la cobertura aérea, sino que ni siquiera se consideró necesario informarle al delegado norteamericano ante la ONU, Adlai Stevenson, acerca de la verdadera naturaleza de la operación, en particular el grado de involucramiento de los medios y fuerzas militares de los Estados Unidos en el respaldo de las acciones, incluidos el desembarco y la identidad de los aviones B-26 utilizados.[22] La lógica anticipada del triunfo instantáneo –una vez más la *splendid little war* de Guatemala– sólo consideró las medidas imprescindibles para dar cuenta de una victoria

21 Véase "Cuba acusa", Asamblea General (Sesión Plenaria 984; tema "La situación en la República del Congo"), abril 15, 1961. En Raúl Roa: ob. cit., pp. 450-451. El Ministro cubano sólo pudo exponer su caso ante la Comisión Política y de Seguridad de la ONU, en sesión de emergencia convocada el mismo día 15 de abril.
22 Peter Wyden: *Bay of Pigs*, ob. cit.

16

contra un régimen comunista –en lugar de tomar las debidas precauciones para facilitar la cobertura diplomática– en caso de que algo no saliera perfectamente bien.

La acción violaba flagrantemente la ley norteamericana de neutralidad, rompía con los términos definidos en el TIAR en cuanto a coordinaciones y consultas intergubernamentales antes de una acción contra una de las repúblicas americanas, transgredía la ley internacional y actuaba abiertamente contra un proceso revolucionario cubano que era muy popular en la región. A pesar de todo, el Departamento de Estado pretendía velar por mantener bajo el costo político de la Operación.

La burocracia del Departamento de Estado atendía el Plan como un asunto secreto, pero no como un problema de máxima importancia en la agenda de seguridad nacional. Aparentemente, el propio presidente Eisenhower no le otorgó un lugar prioritario en sus preocupaciones internacionales. Tampoco era el máximo nivel en el Departamento de Estado quien seguía el Plan.[23]

Pretender aliviar a Kennedy de cargar con toda la responsabilidad de Bahía de Cochinos podría quizás justificarse en términos de mecánica administrativa, pero no de su actitud político-ideológica en relación con Cuba ni con su aprobación de determinados métodos

---

23 El Subsecretario y el Adjunto para Asuntos Latinoamericanos atendían a la contrarrevolución cubana en Miami y se ocupaban de las fórmulas políticas con que se presentaría el rostro civil de la Operación. Véase Peter Wyden: *Bay of Pigs* y Juan Carlos Fernández: *La batalla inevitable*, obras citadas.

para dar cuenta de la Revolución.[24] Todo el comportamiento de Kennedy y su equipo en relación con Cuba antes y después de Playa Girón fue consecuente con la política de borrar al régimen cubano de la faz hemisférica. Fue esta política la que condujo a los Estados Unidos, Cuba, la URSS y el resto del mundo al borde del abismo nuclear apenas un año después.

Finalmente, en el proceso de Playa Girón el peso del Congreso y de la opinión pública fue muy bajo. El liderazgo demócrata del Senado apoyaba públicamente la línea dura hacia Cuba, aunque en privado aconsejaba "tolerancia y aislamiento", preocupado por las múltiples violaciones a la ley de neutralidad. De cualquier manera, el Congreso no tuvo una participación formal, ni influyó de manera sustancial, en el proceso de toma de decisiones.

La opinión pública, por su parte, se mantuvo al margen. A pesar de que la prensa informó tempranamente acerca de la Operación, en 1960, y de que el *New York Times* recogió la noticia en víspera del ataque, este último resultó censurado por razones de seguridad nacional. Cuba no era entonces –como tampoco es ahora– un asunto sobre el que se decide a tenor de lo que piensa la mayoría ni siquiera de lo que puede reflejar eventualmente la gran prensa –mucho menos la mayoría y la prensa de los países de América Latina y el Caribe–.

Según la evaluación *post mortem* de la Comisión Taylor acerca de Bahía de Cochinos, los principales

24 Si algo puede reconocérsele a Kennedy, no fue que estuviera en contra de esos métodos, sino que no se atreviera a cruzar el marco establecido por los propios republicanos respecto al apoyo a la Operación, así como luego se abstuviera de traspasar el umbral del ataque nuclear en octubre de 1962, a pesar de que una parte de su equipo estaba a favor de esta opción.

errores del Plan fueron la decisión unilateral de la CIA de escalarlo; el bajo perfil de ataque aéreo el primer día; la decisión de cancelar el segundo ataque; y la limitación del apoyo militar. No hay ninguna mención en este análisis al marco de los mecanismos de asistencia recíproca hemisférica.

El desastre de Bahía de Cochinos no fue asumido, después de todo, como una evidencia de la necesidad de revisar la política hacia Cuba. La dirigencia política norteamericana siguió tan alineada como antes con la hostilidad hacia la Isla, pues estaba más influida por la mentalidad de guerra fría y el peso de la Doctrina Monroe que por el examen objetivo de lo que estaba pasando en Cuba y los costos que tenía aquella política para los Estados Unidos.

Los críticos de Bahía de Cochinos –como Maxwell Taylor y Robert Kennedy– desempeñaron un papel protagónico en una nueva estrategia subversiva contra Cuba, especialmente en 1961 y 1962.[25] El llamado "Plan Mangosta" estuvo destinado al desgaste interno y a la desestabilización, como vía de "baja intensidad" para dar cuenta de la Revolución Cubana. Este Plan buscaba crear grupos armados internos, que, apoyados en una extensa red de organizaciones contrarrevolucionarias, llegaran a ser capaces de desafiar el poder revolucionario, y finalmente "solicitar la ayuda" del gobierno de los Estados Unidos, en la forma de una intervención directa de los *marines*. Cubanos exiliados fueron incorporados a las Fuerzas Armadas norteamericanas, y se abrieron campos de entrenamiento con el

25 Arthur Schlesinger: *Robert Kennedy and his Times*, Ballantine Books, New York, 1978.

mismo fin en Guatemala, Nicaragua y Puerto Rico. El espíritu de Bahía de Cochinos sobrevivía en Mangosta, ante los ojos del sistema interamericano y de los organismos internacionales.

En un memorándum escrito el 1ro de junio de 1961, Robert Kennedy admitió que otra debilidad como la de Bahía de Cochinos significaría una debacle para la Administración.[26] Esa visión pesó sobre el ánimo de los asesores de Kennedy. Según Arthur Schlesinger le comentara al autor de este trabajo, la percepción posterior ante el emplazamiento soviético de cohetes nucleares en Cuba era que resultaba más peligroso política que militarmente. Este vaticinio, que determinara la hiperreacción norteamericana ante los cohetes soviéticos y, en definitiva, el desencadenamiento de la Crisis de Octubre, sólo se explica con el antecedente de Playa Girón. La ineptitud de la OEA, el TIAR y el Consejo de Seguridad de la ONU para prevenir y luego para actuar *a posteriori* de que la agresión fuera reivindicada por los Estados Unidos, dejaría abierto el camino para el escalamiento del conflicto.

La gran crisis de la guerra fría: una profecía autocumplida

En 1990, el ex secretario de Defensa Robert MacNamara reconoció que "si hubiera estado en la situación de

26 Véase también Roger Hilsman: *To Move a Nation. The Politics of Foreign Policy in the Administration of John F. Kennedy,* Dell Publishing Co., New York, 1964, 1967, especialmente el capítulo 3, "Practice: Failure and the Bay of Pigs", pp. 26-39.

los cubanos en 1961 y 1962, también habría pensado que se preparaba una agresión".[27] La reacción cubana después de Playa Girón fue exactamente la de quien se prepara para una guerra con los Estados Unidos, aunque esto implicara la presencia de más de 40 000 efectivos soviéticos y de armas estratégicas en la Isla.

La propuesta soviética de instalar los cohetes de alcance medio e intermedio en Cuba no fue la causa última ni tenía que conducir inevitablemente a una crisis que colocara al mundo al borde de la guerra nuclear. El principal factor fue la reacción norteamericana, desproporcionada respecto al peso de los cohetes balísticos en Cuba para la balanza estratégica con la URSS, y que tuvo fundamentalmente motivaciones de política interna[28] y por el desafío de las bases soviéticas a la Doctrina Monroe. El otro factor fue la táctica soviética de ocultar, primeramente, la existencia de los cohetes, y de limitarse finalmente a plantear que eran defensivos, en lugar de reivindicar el derecho de Cuba y la URSS a situar en la Isla las armas que estimaran convenientes para su defensa.

La adopción de esta línea le dio la iniciativa diplomática a los Estados Unidos en la ONU; y dificultó la

27 Citado en Bruce Allyn, James Blight y David Welch: *Moscow, Havana and the Cuban Missile Crisis*, Center for Science and International Affairs, Harvard University, 1990.
28 Para un análisis de las motivaciones de política interna véase Fen Osler Hampson: "The Divided Decision-Maker. American Domestic Politics and the Cuban Crisis", *International Security*, Winter, vol. 9, no. 3, 1984-1985. La evidencia de que la política se decidió antes de contar con una evaluación militar la presenta el propio encargado de la evaluación en el Departamento de Estado, Raymond Garthoff, en *Reflections* on the Cuban Missile Crisis, The Brookings Institution, Washington, 1989.

utilización de esta como un marco adecuado para darle tratamiento y solucionar la confrontación, en un marco multilateral, y sobre la base del derecho internacional.

La medida adoptada para enfrentar la crisis, la *cuarentena* (el bloqueo aeronaval) no tenía eficacia militar ante la supuesta "amenaza" de los misiles, sino que era más bien la traducción militar de la Doctrina Monroe. Por otra parte, la *cuarentena* era inservible como medida diplomática y eventualmente podría desencadenar una complicación imprevista. Esa política se apoyaba en acciones militares agresivas y altamente riesgosas, como el bloqueo aeronaval y los vuelos a baja altura sobre la Isla, y en el reiterado ultimátum.[29]

Cuba advirtió desde el principio el peligro de un ataque convencional preventivo de los Estados Unidos contra las bases soviéticas, así como la probabilidad de que se convirtiera en el detonante de un conflicto nuclear.[30]

Si se hubiera desarrollado una negociación en un marco trilateral, se habría podido dar un diálogo Estados Unidos-Cuba que hubiera contribuido a aliviar la tensión y especialmente a buscar una salida a la crisis, sin que ninguna de las partes tuviera que hacer concesiones en los principios de su política.

29 Jrushov colocó en un segundo plano la lógica de la legitimidad de la instalación, como si no hubiera calculado las posibles consecuencias o hubiera pensado que Kennedy lo aceptaría todo fácilmente.
30 Desde la lógica de los militares norteamericanos, el predominio de la estrategia preventiva conllevaba a la larga considerar la cuestión del primer golpe contra la URSS. Como han recordado algunos dirigentes de la época, el gobierno soviético pensaba que la situación era grave, pero no que se estaba realmente al borde del conflicto nuclear.

El conflicto no fue llevado convenientemente a la ONU ni a los foros regionales. No sólo la URSS, sino también Cuba podría haber aprovechado más este marco para promover un tratamiento multilateral, ya que el consenso internacional –y en particular el de los países no alineados y algunos países influyentes de América Latina– era favorable a un arreglo negociado.

Esta actitud cubana puede explicarse por la prolongada erosión de su confianza en la eficacia de estos foros, a lo largo de 1960, 1961 y 1962, en los cuales imperaba una "mayoría mecánica" que se alineaba con los Estados Unidos en la ecuación clásica de la guerra fría. Cuba había sido fuertemente criticada por la mayoría de los gobiernos en la OEA. Su batalla en la ONU para lograr que se declarara improcedentes las sanciones acordadas por la OEA contra el gobierno cubano en la reunión de Punta del Este, en enero de 1962 –seis meses antes de que se formalizara el acuerdo con los soviéticos para instalar los cohetes– había sido infructuosa. Las presiones diplomáticas para aislar al régimen revolucionario, aunque resistidas por algunos gobiernos –como México– lograron la aquiescencia de la mayoría, lo que reforzó la desconfianza cubana hacia los organismos regionales. Sin embargo, varios de estos países y la propia Secretaría General de la ONU se condujeron a favor de auspiciar un diálogo trilateral. La reacción diplomática norteamericana en privado no fue tampoco totalmente reacia, e incluso dio algunas señales de disposición a negociar la crisis. Lamentablemente, cuando se avanzaba en las maniobras diplomáticas necesarias para asegurar un aterrizaje seguro de la crisis, el acuerdo soviético norteamericano del 27-28 de octubre precipitó una fórmula de compromiso.

Este acuerdo no fue el fruto de una concertación basada en el derecho internacional ni en las estructuras de seguridad colectiva regionales, sino en el temor de ambas partes.

Si Cuba hubiera estado presente en una negociación moderada por la ONU, hubiera llevado su programa de cinco puntos, que pudieran resumirse en las siguientes tres categorías:

- Cese del bloqueo económico.
- Devolución de la Base Naval de Guantánamo.
- Cese de las agresiones.

En cuanto al bloqueo económico, esta era una política todavía muy reciente. Cuba no estaba todavía totalmente aislada en el hemisferio y el bloqueo resultaba, por consiguiente, imperfecto. La continuación de la política de bloqueo y su perfeccionamiento regional en la segunda mitad de la década de los 60 se revelaría incapaz de conseguir el objetivo norteamericano de rendir o flexibilizar las posiciones cubanas –más bien todo lo contrario–.

Acerca de la devolución de la Base Naval de Guantánamo, de hecho ya esta era considerada por muchos como una instalación de menor valor para los Estados Unidos.[31]

31 Analistas de la Crisis de Octubre como Pachter consideraban que "había perdido rápidamente su utilidad y resulta vulnerable", con lo cual constituía "un precio no demasiado alto". Véase Henry Pachter: *Collision Course*, Praeger, Nueva York, 1963. Desde entonces su peso específico se ha venido reduciendo cada vez más dentro del esquema de seguridad global y regional de los Estados Unidos.

En cuanto a las agresiones, Cuba hubiera tratado de hacer firme y consolidar el compromiso norteamericano ante la URSS de no atacar a la Isla, incluyendo la cancelación de la subversión, de los planes de asesinato, de la tolerancia con la contrarrevolución de Miami, de los ataques piratas desde bases en la Florida y Centroamérica.

Cuba se siguió sintiendo vulnerable frente a los Estados Unidos después de la crisis. Sus relaciones exteriores y su política en los años sucesivos estuvieron influidas por esta percepción y, en general, por la huella que dejó aquella crisis resuelta de manera azarosa.

Cuba no admitió que no se le consultara, como un punto de soberanía; tampoco aceptó la inspección unilateral de la ONU, al no haber sido parte del acuerdo –cuestión comprendida por el propio secretario general U Thant durante su visita a la Isla en noviembre de 1962–; y se negó a tolerar indefinidamente los vuelos rasantes sobre su territorio.[32]

La posición cubana en octubre de 1962 se caracterizó por seguir una lógica de principios, reconocer y medir conscientemente el peligro, aceptar la realidad de las decisiones ya irreversibles y, al mismo tiempo, ser consecuente con su política, en la medida en que esta resultaba viable y al alcance de sus fuerzas. Su contribución a preservar un acuerdo mal concebido y peor garantizado para la posteridad fue decisiva.

32 El problema de las transgresiones en el espacio aéreo de la Isla por parte de aviones norteamericanos llega hasta hoy, como demuestra el incidente de las avionetas derribadas el 24 de febrero de 1996.

Consideraciones finales.
La posteridad de Playa Girón y de la Crisis de Octubre para la seguridad colectiva

Playa Girón cristalizó la percepción cubana de que los Estados Unidos eran capaces de hacer uso del engaño y el ocultamiento[33] en su política exterior, con consecuencias letales para el adversario. La evaluación de los cubanos sobre la política norteamericana era que esta no se ajustaba a normas legales o morales.

Después del acuerdo, arreciaron los ataques paramilitares desde bases en Centroamérica, la actividad de las bandas contrarrevolucionarias, las provocaciones en la Base de Guantánamo.

En la propia campaña presidencial de 1964, los republicanos cuestionaron la validez del acuerdo de octubre de 1962. Este no fue sino el primero de una serie de cuestionamientos que se extendieron durante mucho tiempo.

Todos estos cuestionamientos han tenido como base la inexistencia de una interpretación única del entendimiento de 1962. Esta es la consecuencia de la falta de un acuerdo donde las tres partes satisficieran sus intereses de seguridad.

33 Precisamente algunos analistas de la crisis señalan que estos dos rasgos, "el más estricto secreto detrás de la capa del engaño" (*strictest secrecy behind the cloak of deception*) atribuidos a la conducta soviética al instalar los cohetes en Cuba fueron los causantes de la crisis. Véase Bruce Allyn, James Blight y David Welch: *Moscow, Havana and the Cuban Missile Crisis*, Center for Science and International Affairs, Harvard University, p. 7.

Se ha argumentado que gracias a la Crisis de Octubre los Estados Unidos admitieron el socialismo en América. Aunque la crisis redujo la probabilidad de dar cuenta de la Revolución Cubana por medio del uso directo de sus fuerzas, la política posterior de los Estados Unidos en América Latina mantuvo la idea de "no más Cubas", al costo incluso de la intervención directa. La forma en que se solucionó la crisis no impidió a los Estados Unidos organizar las invasiones de República Dominicana (1965) y Granada (1983); despliegues militares en territorios de Honduras y Panamá (década de los 80); el asedio militar a la Nicaragua sandinista (década de los 80); o incluso invasiones como la de Panamá (1989), sin relación alguna con una presencia "extra-hemisférica".

La primera de las reflexiones que puede hacerse a partir de la lectura histórica de acontecimientos como Playa Girón y la Crisis de Octubre de 1962 para la seguridad colectiva es que la hostilidad continuada de una potencia puede dejar a un país pequeño sin otro recurso que el de armarse hasta los dientes como única alternativa de disuasión. Los peligros de una acción militar convencional –ataque o invasión– de una super-potencia contra un país pequeño pueden ser equivalentes para este último al riesgo nuclear. De manera independiente de los indicios que el gobierno cubano poseyera entonces, una mirada retrospectiva nos permite apreciar que en 1961-1962 la política norteamericana hacia Cuba recorría objetivamente el camino de la escalada. Esa escalada podría haber llevado a la invasión, lo que habría significado para Cuba un costo calculado en cerca de un millón de vidas.

La alarma cubana era entonces lo suficientemente pública como para que los Estados Unidos y el resto del hemisferio la hubieran percibido. Si, como se ha dicho,[34] la línea prevaleciente en la Administración Kennedy no tenía las intenciones de atacar realmente, entonces hay que admitir que los Estados Unidos intentaron conscientemente atemorizar a Cuba y, por tanto, habrían sido los responsables de que ésta hubiera elegido una vía extrema.

La constitución de su seguridad se le presentaba a Cuba entonces como una prioridad absoluta. Era necesario garantizar que el ataque fuera incosteable para los Estados Unidos. De ahí la importancia de que el compromiso soviético fuera total. A Cuba le hubiera bastado entonces la modernización de su armamento convencional para preservar su propia seguridad, junto al compromiso soviético de defenderla como parte inviolable de la comunidad socialista.

Una segunda reflexión histórica es que una política de principios habría permitido crear un marco más seguro para la negociación, en la medida en que se oponía a las tentaciones que conllevaba la desigual distribución de fuerzas y los presupuestos hegemónicos. El valor de una política de esta naturaleza radica en sustentarse en los intereses legítimos propios y en reconocer los del adversario, en lugar de entrar en el juego de las concesiones de corto plazo, el chantaje o las propuestas retóricas, dictadas por factores políticos ajenos.

34 Intervenciones de Robert MacNamara, MacGeorge Bundy, Ted Sorensen y otros ex miembros de la Administración Kennedy en la reunión de Moscú, 29 de enero de 1989.

Las experiencias de las dos crisis y sus consecuencias posteriores mostraron que la carencia de mecanismos y recursos políticos que compensaran las diferencias de poder real operaron, a la larga, a favor del crecimiento progresivo y cualitativo de las fuerzas militares. Una lección fundamental para Cuba fue la necesidad de continuar fortaleciéndose militarmente, y de estrechar su alianza con la URSS. Se estableció así en la Isla un sistema defensivo que incrementaría por encima de lo aceptable los costos de una agresión, convirtiéndose en un mecanismo de disuasión para el futuro. Esta capacidad disuasiva ha funcionado en el tiempo como factor para la prevención de otras crisis.

La dirección cubana estaba asimismo consciente del costo político que esta acción tenía ante América Latina. No obstante, debía elegir entre la imagen de Cuba en la región y su seguridad amenazada por un peligro mayor. Posiblemente pocos países se hayan sentido más urgidos de la protección que implica la pertenencia a un bloque militar que Cuba. Si esta hubiera ingresado al Pacto de Varsovia, en lugar de seguir siendo un país no alineado, toda la responsabilidad habría sido de la incapacidad del sistema interamericano para ofrecerle un margen de seguridad aceptable.

Las relaciones entre Cuba y los Estados Unidos han estado condicionadas por la tremenda asimetría existente entre los poderes de ambos. Su convivencia o coexistencia no puede basarse en la misma clase de arreglos que ordenan las relaciones entre las grandes potencias. La carencia de una estructura internacional y regional de carácter multilateral que supla estas diferencias socava la seguridad colectiva.

Los organismos multilaterales no han desempeñado en este conflicto su auténtico papel de equilibrador de las asimetrías.[35]

Sin mecanismos que contribuyan a respaldar realmente a los países pequeños en el acceso a sus derechos legítimos como Estados soberanos, difícilmente se llegará a construir estructuras de cooperación eficaces ante los conflictos impredecibles de la posguerra fría.

35 El caso de los acuerdos sobre el sudoeste de África entre Cuba, Angola y Sudáfrica, con mediación de los Estados Unidos y consagrados dentro del marco de la ONU podrían atribuirse más a las condiciones de fuerza militar y alianza política cubana en una zona alejada de los intereses geopolíticos prioritarios de los Estados Unidos, que a una tendencia predominante en la solución de los conflictos internacionales durante la guerra fría.

Treinta días.
Las lecciones de la Crisis de Octubre y las relaciones cubanas con los Estados Unidos

La Crisis de Octubre es uno de los acontecimientos más importantes en la historia de las relaciones entre los Estados Unidos y Cuba. El patrón creado entonces, con su carga de negatividad y vacío, ha troquelado la lógica de estas relaciones a lo largo de 30 años.[1]

Este hecho no sólo marcó la relaciones, sino los enfoques que las interpretan. Para muchos en los Estados Unidos, las relaciones con Cuba se han entendido sólo como capítulo de las relaciones con la ex Unión de Repúblicas Socialistas Soviéticas (URSS). Dado el principado de los estudios sobre la gran política que se hace frente a la URSS, respecto a los estudios regionales que tratan sobre la América Latina, Cuba se ha vuelto más conspicua como tópico de la *gran academia* nor-

---

1 Jorge Domínguez le ha llamado al *status* creado a partir del acuerdo un *régimen de seguridad*. Ver Jorge Domínguez: *To Make a World Safe for Revolution: Cuba's Foreign Policy*, Harvard University Press, 1989, cap. 2, pp. 34-60.

teamericana, aunque paradójicamente resulte mejor comprendida por la *academia regional*.[2]

Los expertos sobre la Crisis de Octubre no conocen a Cuba ni dominan la historia de nuestras relaciones con los Estados Unidos.[3] Creo que la mayoría de ellos tampoco creen que esto hiciera alguna falta para entender lo esencial de la Crisis. Así, según el presupuesto que caracteriza a estos estudios globales, Cuba consiste en una especie de provincia soviética, cuyo papel es irrelevante para entender la dinámica de un conflicto mayor en las relaciones con la URSS. En efecto, al estudiar la Crisis, los expertos absolutizan la lógica bilateral soviético-norteamericana como eje explicativo de todo lo que pasó e incluso de lo que pudo pasar en 1962.

En este trabajo se intenta examinar la Crisis, revisando la lógica con la que se ha juzgado la conducta de los actores internacionales implicados, y enfatizando la percepción cubana, que resulta la menos explicada de todas.[4] Consideramos que este análisis es relevante

2   Para una discusión más amplia ver Rafael Hernández: "La lógica de la frontera en las relaciones entre los Estados Unidos y Cuba", *Cuadernos de Nuestra América*, vol. 4, no. 7, enero-junio de 1987.
3   Una lista de los principales autores incluye a Henry Pachter: *Collision Course*, Praeger, 1963; Elie Abel: *The Missile Crisis*, Lippincott, 1966; Graham Allison: *Essence of Decision*, Little Brown, 1971; Arthur Schlesinger: *Los mil días de Kennedy*, Editorial Ciencias Sociales, La Habana, 1968, cap. XXX; *Robert Kennedy and his Times*, Ballantine Books, 1978, cap. 22; Raymond Garthoff: *Reflections on the Cuban Missile Crisis*, The Brookings Institution, 1989; James Blight y David Welch: *On the Brink*, Hill & Wang, 1989.
4   La descripción de las posiciones cubanas se basa en los planteamientos hechos por el Comandante en Jefe Fidel Castro al respecto, en particular los testimonios a los periodistas del *Washington Post*

porque la Crisis aporta lecciones fundamentales no sólo para evitar que otras ocurran, sino para entender las posibilidades desaprovechadas en las relaciones entre Cuba y los Estados Unidos, y en general para iluminar el contexto de la nueva situación creada por las relaciones soviético-norteamericanas y su efecto en el Tercer Mundo.

Origen de la crisis: ¿la instalación de los cohetes o el manejo equivocado de la situación?

Sería muy fácil juzgar ahora la Crisis como si fuera una partida de ajedrez, examinando las variantes alternativas que se hubieran podido jugar. Es necesario considerar que los individuos que tomaron las decisiones estaban bajo fuertes presiones internas y externas, y seguramente no disponían de todos los elementos necesarios para interpretar la coyuntura. Por otra parte, tampoco se trata de analizar la Crisis como una obra de teatro, donde las motivaciones de los héroes y sus valores en pugna son la esencia del asunto. Un análisis político serio requiere considerar el espacio real de movimiento existente entonces, y las decisiones plausi-

---

(Granma, 11 de febrero de 1985, pp. 1-15), a Tad Szulc: *Fidel: a Critical Portrait*, William Morrison, 1986, p. 578 y a Gianni Miná: *Un encuentro con Fidel*, Oficina de Publicaciones del Consejo de Estado, La Habana, 1987, pp. 108-111; asimismo, toma como referencia las intervenciones de la representación cubana presidida por Jorge Risquet en la Mesa Redonda sobre la Crisis del Caribe, Moscú, 27-28 de enero de 1990.

bles a partir de los elementos disponibles para los actores. Pero sobre todo, es necesario distinguir entre aquellos cursos de acción que fueron el resultado de la consistencia de las políticas adoptadas, la lógica de los acontecimientos o las correlaciones de fuerzas y los que dependieron de la voluntad o el conocimiento deficiente sobre el adversario.

Todo el mundo sabe ya que la URSS fue quien propuso a Cuba la instalación de los Cohetes Balísticos de Alcance Medio (CBAM) y de Alcance Intermedio (CBAI)[5] en la Isla, que fueron las tropas antiaéreas soviéticas las que derribaron el U-2, y que fue el gobierno soviético el que decidió llevarse los cohetes a cambio de la promesa norteamericana de no invadir a Cuba y de la posterior retirada de los Júpiter norteamericanos de Turquía. Si se toman en cuenta sólo estos hechos, parecería que la iniciativa estuvo siempre del lado de la URSS, tanto al desencadenar los acontecimientos, como al haberlos llevado a su punto más crítico, así como al tomar la decisión que condujo al desenlace. Según esta visión parcial, los Estados Unidos se habrían limitado a jugar razonablemente a la defensiva, haciendo gala de moderación y realismo. Sin embargo, esta lectura sólo es cierta en la medida en que entendemos la Crisis como un juego de ajedrez entre las dos superpotencias. Pero en realidad la Crisis fue un acontecimiento más complejo, que si en algo se parece a un juego sería a una extraña partida de barajas jugada en varias mesas a la vez, y con

5 Los CBAM, en la jerga inglesa Medium Range Ballistic Missile (MRBM) o SS-4, y en la rusa R-12, con un alcance de 1 200 millas; los CBAI, en la inglesa Intermediate Range Ballistic Missile (IRBM) o SS-5, y en la rusa R-14, con un alcance de 2 200 millas. Se instalaron 42 CBAM; los CBAI nunca pudieron llegar a Cuba.

la activa participación de los aliados de los jugadores principales e incluso de sectores importantes de la población.

Entendemos por Crisis la situación de enorme peligro desencadenada a partir de que se empieza a manejar equivocadamente la cuestión de la presencia de las armas soviéticas en Cuba –problema cuyos antecedentes valdría la pena discutir en detalle–.[6] Esta situación de grave peligro se extiende más allá de los míticos trece días, al menos hasta la desmovilización de las fuerzas militares en el teatro principal.[7]

Sostenemos aquí la hipótesis de que, siendo muy osada, la decisión soviético-cubana de instalar los CBAM y CBAI en la Isla no era una locura, y hubiera podido desarrollarse, sin necesidad de conducir inevitablemen-

6   Para una discusión más amplia de las raíces del conflicto entre Cuba y los Estados Unidos véase Rafael Hernández: "La lógica de la frontera en las relaciones entre los Estados Unidos y Cuba", artículo citado, pp. 6-17.

7   Las fuertes tensiones y las acciones militares norteamericanas no empezaron a ceder al menos hasta el 20 de noviembre. El gobierno norteamericano mantuvo los vuelos rasantes sobre la Isla hasta el 15 de noviembre, y discutió propuestas concretas de ataque contra bases aéreas cubanas el 17 de noviembre, entre otras medidas, como el reforzamiento del bloqueo. Ver Raymond Garthoff: "American Reaction to Soviet Aircraft in Cuba, 1962 and 1978", *Political Science Quarterly*, vol. 95, no. 3, Fall, 1980, p. 434. Las fuerzas norteamericanas y soviéticas estuvieron en alerta hasta el 22 de noviembre, fecha en que se levantó el bloqueo militar a Cuba. Las discusiones políticas –y con ellas el peligro de reconsiderar el compromiso norteamericano de no invadir a Cuba– se extendieron hasta que la URSS y los Estados Unidos informaron a la ONU que habían terminado sus conversaciones, sin que los Estados Unidos aceptaran que se habían cumplido todas sus condiciones, el 7 de enero de 1963.

te a una crisis que colocara al mundo al borde de la guerra nuclear.

Los principales factores que complicaron la situación y que hicieron desembocar en el estallido y extensión de la Crisis fueron:

- La reacción norteamericana, fuera de proporción con la significación militar real de los CB para la balanza estratégica con la URSS, y que se dejó arrastrar fundamentalmente por motivaciones de política interna[8] y por el valor simbólico de las bases soviéticas para su política de exclusividad regional;

- la táctica soviética de ocultar, primeramente, la existencia de los CB, y de limitarse finalmente a plantear que estos eran defensivos, en lugar de reafirmar abiertamente el derecho de Cuba y la URSS a situar en la Isla las armas que estimaran convenientes para su defensa,[9] basado en el derecho cubano de elegir sus aliados, igual que hacían los Estados Unidos con los suyos, y saliendo ade-

---

8 Para un análisis de las motivaciones de política interna véase Fen Osler Hampson: "The divided decision maker. American Domestic Politics and the Cuban Crisis", en *International Security*, Winter 1984-1985, vol. 9, no. 3. La evidencia de que la política norteamericana se decidió antes de contar con una evaluación militar la presenta el propio encargado de la evaluación en el Departamento de Estado, Raymond Garthoff: ob. cit.

9 Alexander Alexeiev: "Cuando se tomó la decisión respecto a los misiles, la única intención que le escuché [a Jrushov] era la de evitar cualquier aventurerismo contra Cuba". Andrei Gromiko: "Esta accción [la de desplegar los cohetes nucleares] se dirigía a fortalecer la capacidad defensiva de Cuba". (Reunión de Moscú, 27 de enero, sesión de la mañana).

lante con la publicación incluso del texto del acuerdo militar.[10]

Una vez desencadenada, la Crisis se extendió y profundizó, llegando a resolverse de mala manera, no sólo por los dos factores mencionados, sino además por los siguientes:

- No haberse llevado la cuestión, planteada en estos términos, a la ONU, donde se hubiera discutido en un marco multilateral, y sobre la base del derecho internacional;

- haberse aceptado los términos norteamericanos, e ignorarse a Cuba como parte beligerante y actor necesario de cualquier negociación.

En efecto, la Administración Kennedy reaccionó según el patrón de no parecer débil con el comunismo, encarnado ya por Cuba como demonio de la política interna. Otra debilidad como la de Playa Girón hubiera significado una debacle para la Administración, según creían los próceres de la Nueva Frontera.[11] La medida adoptada para enfrentar la Crisis, la *cuarentena* (el bloqueo naval) no tenía una verdadera eficacia militar, sino más bien era un recurso de fuerza de carácter dilatorio, para hacer reaccionar a los soviéticos. La *cuarentena* era la traducción militar de la Doctrina Monroe. Según cercanos colaboradores de Kennedy, las consecuencias políticas de un emplazamiento soviético exitoso de cohetes nucleares en Cuba habrían tenido un

10 El contenido del proyecto de acuerdo militar fue presentado por la delegación cubana asistente a la Reunión de Moscú, el 27 de enero de 1990.
11 Véase Memorándum de Robert Kennedy del 1ro de junio de 1961, citado por Arthur Schlesinger: *Robert Kennedy and His Times*, ob. cit., p. 480.

efecto más desestabilizador que los efectos militares para su país, en la medida en que habrían probado la capacidad soviética para actuar con impunidad en el mismo corazón de la zona de interés vital para los Estados Unidos.[12] Pero la *cuarentena* tenía efectos secundarios de índole muy seria, que la hacían resultar a la larga contraproducente, porque creaba condiciones para una complicación imprevista, y porque como medida no tenía una eficacia diplomática. Más bien al contrario, equivalía a decir a los soviéticos: "no queremos negociar, lo que tienen que hacer es irse y nada más". Esa política –apoyada en acciones ilegales, amenazadoras y altamente riesgosas, como el bloqueo naval y los vuelos a baja altura sobre la Isla, y en el reiterado ultimátum– contribuyó decisivamente a aproximar la situación al borde de la guerra nuclear.

Del otro lado, se cometieron también no pocas movidas incongruentes. Una vez acordada y decidida la osada estrategia de colocar los CB en la Isla, Jrushov no supo afrontar políticamente la situación creada.[13] De hecho, colocó en un segundo plano la lógica de la legalidad de la instalación, como si no hubiera calculado las posibles consecuencias, o hubiera pensado que Kennedy lo aceptaría todo fácilmente. Desde el punto de vista cubano, esto habría podido parecer entonces como si los gober-

12 Entrevista del autor con Arthur Schlesinger.
13 "El error político clave del camarada Jrushov fue haber negado la existencia de los cohetes en Cuba; con esto se debilitó la posición soviético-cubana, que en su esencia era correcta en lo político y moral. Si se hubiera presentado esta posición ante Estados Unidos y la comunidad internacional, se habría evitado el enorme riesgo corrido, y de hecho, la propia Crisis", Jorge Risquet: Reunión de Moscú, 27 de enero, sesión de la mañana.

nantes soviéticos no conocieran lo suficiente la psicología norteamericana. En cualquier caso, la osada movida soviética –quizá controvertible en sí misma, pero en todo caso coherente con una gran estrategia–[14] fue sustituida sobre la marcha por la búsqueda de un quid *pro quo*. Se perdió así el aliento, y en buena medida se afectó la moral que inspiraba los principios de esta política.

Una vez que la Crisis se organizó y alcanzó su momento, Cuba advertiría –desde el ángulo único del teatro principal– la gravedad de las consecuencias de cualquier acción hostil, fuera de control o deliberada. En particular, desde Cuba se sentía el enorme peligro a que podría dar lugar un ataque preventivo de los Estados Unidos contra las bases soviéticas, y la alta probabilidad de que este se convirtiera de hecho en el detonante de un conflicto nuclear.[15] En efecto, colocándose desde la lógica de los militares norteamericanos, el predominio de la estrategia preventiva podría implicar a la larga la cuestión del primer golpe contra la URSS. Esta sombría certidumbre, que también pesó en el ánimo de Kennedy, no era vista con claridad por los soviéticos desde Moscú. La falta de una atmósfera política nacional que reflejara la Crisis en toda su

14 "Jrushov explicó que para la salvación de la Revolución Cubana no había otro camino, por decirlo así, que igualar la seguridad de Cuba con la de los Estados Unidos. Y esto sólo se podría lograr, lógicamente, con nuestro cohetes nucleares, nuestros cohetes de alcance medio", A. Alexeiev: Reunión de Moscú, 28 de enero, sesión de la mañana.
15 Véanse las cartas enviadas por Fidel Castro a Nikita Jrushov los días 26 y 30 de octubre de 1962, publicadas por el gobierno cubano en el otoño de 1990.

magnitud posiblemente les hiciera manejar el problema como un enfrentamiento regional[16] con los Estados Unidos que no escalaría necesariamente, ya que ninguna de las dos partes estaría impelida de atacar el territorio continental de la otra. Como han recordado algunos dirigentes de la época, el gobierno soviético pensaba que la situación era grave, pero no que se estaba realmente al borde del conflicto nuclear.[17]

Al cabo de los años y las revelaciones, se aprecia que la percepción cubana, desde el ángulo del campo de batalla, interpretaba más exactamente la implacable lógica objetiva de los hechos y el margen potencial de negociación norteamericano, que lo que se apreciaba desde Moscú.

Aunque la URSS obtuvo el compromiso norteamericano de no atacar directamente a Cuba, esto no alcanzó a proteger a la Revolución contra otros tipos de agresión. Se logró detener el curso fatal de la escalada, pero no se consiguió la preservación integral de la seguridad de la Revolución. En un contexto trilateral, se habría podido dar un diálogo Estados Unidos-Cuba que hubiera contribuido a aliviar la tensión y de manera especial a buscar una salida a la Crisis sin hacer que ninguna de las partes tuviera que realizar concesiones en los principios de su política.

16 Para los soviéticos, ésta se llamó y se sigue llamando "la Crisis del Caribe".
17 "Había un cierto nivel de riesgo de guerra. Pero no había amenaza directa de guerra", Intervención de Andrei Gromiko, ex Ministro de Relaciones Exteriores de la URSS, en la Reunión de Moscú, 27 de enero de 1990, sesión de la tarde.

Obviamente, la dirección soviética no actuó así como obra de la casualidad. De forma deliberada, la URSS decidió no involucrar a Cuba en el proceso negociador. ¿Por qué? Por una parte, parece que la URSS sobrestimó la fuerza de los "halcones" en el Comité Ejecutivo del Consejo Nacional de Seguridad (*ExCom*) norteamericano. Pensaba que el ataque contra Cuba estaba virtualmente en curso, y que no se podía dar el lujo de introducir ningún elemento que complicara y virtualmente retrasara la consecusión del acuerdo.[18] Y no le faltaba razón en cuanto al grado de riesgo considerado de manera objetiva.

Sin embargo, el sentimiento predominante en el *ExCom* estaba más bien dictado por la percepción de un peligro inminente de guerra nuclear y por la inmensa responsabilidad de tratar de evitarlo. Esto hizo que a la larga prevaleciera un espíritu moderado. Hoy sabemos que mientras el presidente Kennedy pugilateaba con los "halcones", su hermano Robert hacía esfuerzos desesperados por establecer un canal diplomático para una fórmula de negociación tras bambalinas, por mediación de la embajada soviética en Moscú, a espaldas de la mayoría del famoso *ExCom*. Estas conversaciones secretas no sólo excluyeron a Cuba desde el principio hasta el final, sino que el gobierno cubano se mantuvo en la ignorancia respecto a su contenido.

18 "(...) Si se hubieran podido conseguir otras cuestiones, los problemas que interesaban a Cuba, las demandas que se habían hecho repetidamente, quizás hubiera sido mejor. Pero había que preservar el tiempo", A. Gromiko: Reunión de Moscú, 28 de enero, sesión de la mañana.

Por otra parte, es probable que los soviéticos recelaron de la emotividad cubana atribuible a la alarma ante un ataque norteamericano. Creyeron de forma segura que bajo esa tremenda tensión los cubanos no íbamos a ser lo suficiente moderados y realistas. Sobre este otro error de percepción, volveremos más adelante.

Tampoco el asunto fue llevado de manera conveniente a la ONU y a los foros regionales. Retrospectivamente considerado, se podría haber aprovechado más este marco para promover un tratamiento multilateral, ya que el consenso internacional –y en particular el de los países no alineados y algunos países influyentes de América Latina– era favorable a un arreglo negociado. La desconfianza cubana en estos foros tenía un fundamento. En ellos solía imperar "una mayoría mecánica" –según se le llamaba entonces– que se alineaba con los Estados Unidos en la ecuación clásica de la guerra fría. También Cuba había sido fuertemente criticada por la mayoría de los países de la OEA. La representación cubana había dado una batalla infructuosa en la ONU para lograr que se declarara improcedentes las sanciones acordadas por la OEA contra el gobierno cubano en la reunión de Punta del Este, en enero de 1962. Las presiones diplomáticas para aislar al régimen revolucionario, aunque resistidas por algunos gobiernos –como México, Brasil, Uruguay–, crearon una profunda desconfianza hacia los organismos regionales. Pero el hecho es que los países mencionados y la propia Secretaría General de la ONU se condujeron a favor de un diálogo trilateral auspiciado por la organización. Según algunos indicios, la reacción diplomática norteamericana en privado no habría sido tampoco inflexible, sino más bien se habría mostrado proclive a negociar la situación.

Dentro de este marco multilateral se hubiera podido iniciar una conversación constructiva para la solución de la Crisis. Es lamentable que cuando se avanzaba en las maniobras diplomáticas necesarias para un aterrizaje seguro de la Crisis, las cartas de Jrushov y Kennedy del 27-28 de octubre precipitaron una fórmula de aterrizaje forzoso.

De esta manera, el acuerdo no fue producto de una concertación basada en los principios, sino el resultado del temor de las dos partes, y vino a ser un acomodo pragmático basado en concesiones mutuas.

Posición ante el proceso negociador

Una fórmula muy recurrida para liquidar la discusión de la Crisis consiste en afirmar que después de todo la solución fue la mejor, en tanto evitó que se desencadenara la guerra global termonuclear, arrancó a los Estados Unidos una promesa de no invasión a Cuba, alertó al mundo sobre la necesidad de una distensión, etcétera. Esta visión padece, como razonamiento, de lo que los filósofos llaman un vicio teleológico, es decir, de juzgar retrospectivamente todo lo que ocurrió como bueno, por el mero hecho de que conduciría de forma inevitable a ese supuesto "final feliz". Vuelto a examinar, desde el ángulo del teatro principal, se hace claro hoy que el desenlace no fue ni siquiera el "segundo mejor" posible.

Los cubanos –y también los soviéticos ubicados en el teatro de la guerra– habían sostenido la tensión de un riesgo mortal. Aunque el gobierno de Cuba había declarado su disposición a una salida negociada mutuamente aceptable, ni en los momentos de mayor peligro cubanos y soviéticos en la Isla solicitaron la retirada de los CB. La mera aceptación de una promesa de la Administración norteamericana no era la idea cubana del propósito de una negociación. El costo pagado, políticamente hablando, no equivalía al margen de seguridad obtenido.

Por lo que sabemos, si se hubiera conseguido la fórmula adecuada y hubiera estado presente en una negociación moderada por la ONU, y asistida y legitimada por la comunidad internacional, es plausible que Cuba hubiera llevado su programa de cinco puntos, que pudieran resumirse en las siguientes tres categorías:

1. Cese de las agresiones.
2. Cese del bloqueo económico.
3. Devolución de la Base Naval de Guantánamo.

En cuanto a las *agresiones*, Cuba hubiera tratado de hacer firme y consolidar el compromiso norteamericano ante la URSS de no atacar a la Isla, incluyendo variantes como la cancelación de la subversión, de los planes de asesinato, de la tolerancia con la contrarrevolución de Miami, de los ataques piratas desde bases en la Florida y Centroamérica. En definitiva el consenso para esa estrategia, aunque se mantenía, había empezado ya a decrecer en los Estados Unidos. A pesar de seguir existiendo por muchos años como política, había empezado a perder su impulso original, como se demostró apenas tres años después, con el colapso de las bandas contrarrevolucionarias y la declinación de los planes de asesinato contra Fidel Castro.[19] El propio Kennedy,

19 Cuba ha denunciado planes de asesinato posteriores a 1965, aunque estos no han sido reconocidos en los Estados Unidos, en ningún documento posterior al Informe del Comité de Inteligencia del Senado, en 1975. Ver *Discurso de Fidel Castro en la 68 Conferencia de la Unión Interparlamentaria*, 15 de septiembre de 1981, DOR, IV (8), pp. 89-111.

poco antes de morir, había empezado a considerar una solución política al conflicto con la Revolución Cubana. Y para la Administración Johnson otros problemas tomaron un lugar prioritario en la agenda. Al contrario de lo que pudieran haber percibido algunos soviéticos y quizás varios norteamericanos, Cuba se siguió sintiendo, después de la Crisis, amenazada por los Estados Unidos. En buena medida el contexto de sus relaciones exteriores, y su política en los años sucesivos, estuvo influida por esta percepción, y en general, por la huella que dejó aquella Crisis mal resuelta.

En cuanto al *bloqueo económico*, esta era una política todavía muy reciente, pues se había sellado en febrero y reforzado apenas en ese mismo mes de octubre. Su funcionalidad era la de constituir una variante o un ingrediente del esquema de agresión y del recurso preponderante de la fuerza. Podría haber desaparecido junto con las restantes medidas de coerción directa. De hecho, los intereses creados al respecto –legales o económicos– tenían escaso peso. Las compañías nacionalizadas no poseían ya, como se demostró en el verano de 1960, la capacidad de influir de manera decisiva en el curso de la política hacia Cuba. Los dispositivos legales que lo gobernaban eran atribución del ejecutivo en su mayor parte. De hecho, Cuba no estaba todavía aislada en el hemisferio –como llegaría a estarlo tres años después– y el bloqueo resultaba por consiguiente imperfecto, para los fines de la política norteamericana. No le hubiera costado mucho a los Estados Unidos prescindir de él. Como se demostraría con posterioridad, la continuación de la política de bloqueo y su perfeccionamiento regional en la segunda mitad de los años 60 era incapaz de conseguir el objetivo norteamericano de rendir o hacer más flexibles las posiciones cubanas —más bien lograría todo lo contrario.

En cuanto a la devolución de la Base de Guantánamo, de hecho fue una de las variantes esgrimidas por la representación de los negociadores en el *ExCom* durante la Crisis. Kennedy —como jefe de los moderados— se opuso entonces argumentando que "en la situación existente" no era posible. La Base, sin embargo, ya era considerada por muchos como una instalación de menor valor para los Estados Unidos.[20] Cabría preguntarse si Kennedy habría puesto en peligro el logro de un acuerdo sobre la retirada de los CB soviéticos de Cuba, en el caso de que se le hubiera propuesto concertar un acuerdo secreto —como el de los misiles turcos— por el cual los Estados Unidos se comprometieran a retirarse de la Base de Guantánamo a plazo fijo. Hoy se sabe que Kennedy llegó incluso a considerar la alternativa de tener que anunciar en público la negociación de los cohetes turcos, si las circunstancias lo exigían. La diferencia esencial entre los obsoletos Júpiter y la obsoleta Base Naval parece residir en que los primeros estaban en la agenda

---

20 El embajador ante la ONU, Adlai Stevenson, fue el principal promotor de esta variante. Kennedy la desecharía circunstancialmente, para evitar tener que enfrentar la tenaz oposición de los "halcones". Cfr. Henry Pachter: *Collision course*, ob. cit. Según Pachter, la base "había perdido rápidamente su utilidad y resulta vulnerable", con lo cual constituía "un precio no demasiado alto". Desde entonces, su peso específico se ha venido reduciendo cada vez más dentro del esquema de seguridad global y regional de los Estados Unidos. Cfr. Rafael Hernández: "La seguridad nacional de Cuba y la base naval de Guantánamo", en *Cuadernos CEA*, no. 16, 1987.

soviética y los segundos en la cubana.[21] Guantánamo permanecería durante los años posteriores como un factor insoslayable en la política exterior de la Isla.[22]

En resumen, los Cinco Puntos no eran entonces un programa maximalista, como ha sido presentado por algunos, sino una plataforma de solución fundamental a las causas profundas de la crisis, en particular de construcción de un *modus vivendi* en las relaciones cubano-norteamericanas. De hecho, hubieran podido servir de base a un arreglo estable entre Cuba y los Estados Unidos. Su no realización perpetuó la inestabilidad, el aislamiento y la hostilidad en la ecuación cubana de los Estados Unidos –es decir, lo contrario de lo que hubiera debido presidir el arreglo de la Crisis de Octubre.

Si Cuba hubiera entrado en la dinámica de las negociaciones, por último, es plausible que hubiera mantenido un espíritu de prudencia y realismo. En el

21 Los soviéticos estuvieron divididos sobre este punto en la Reunión de Moscú (28 de enero, sesión de la mañana): Sergo Mikoyan: "De los Cinco Puntos de Fidel Castro, algo se hubiera podido obtener de los norteamericanos. En particular, en vez de conseguir la retirada de los cohetes Júpiter de Turquía, podríamos haber obtenido la liquidación de la base en Guantánamo, pues de todas maneras los cohetes Júpiter habrían salido de Turquía. Esta condición se hubiera podido aceptar, aunque la totalidad de los Cinco Puntos no era realista". Fiodor Burlatsky: "Para mí eso es absolutamente fantástico". Anatoli Dobrinin: "Le planteamos la cuestión de Guantánamo a los norteamericanos. Lo hicimos el 29 [de octubre], creo. Pero por desgracia la cuestión no fue entendida del lado norteamericano".
22 La cuestión de Guantánamo se vinculó indirectamente con la posición cubana frente a la no proliferación y desnuclearización regionales (iniciativas como el Tratado de Tlatelolco y el Grupo de los 6), puesto que en la base se certifican naves norteamericanas portadoras de armas nucleares.

transcurso de la propia Crisis, Cuba se había declarado a favor de buscar una solución negociada.[23] Este espíritu se reafirmó después de concertarse el entendimiento entre los Estados Unidos y la URSS. Signos de esta ecuanimidad fueron los siguientes:

- El consentimiento del acuerdo mismo, a pesar de que la instalación de los CB en Cuba había sido una idea soviética, y que se había aceptado fundamentalmente en un gesto de reciprocidad para la defensa del campo socialista;

- la aceptación de la decisión soviética de llevarse, sin interferencia, los CB que estaban en Cuba como parte de un acuerdo por cinco años, que preveía su uso en la defensa de la Isla como resultado de una coordinación entre ambos gobiernos, sin que la URSS lo hubiera cancelado ni hubiera coordinado el desmantelamiento del dispositivo de defensa con el gobierno cubano, a pesar de que ponía en entredicho la solidez, simetría y seriedad de nuestros acuerdos con la URSS, así como en general el prestigio, influencia y soberanía de Cuba;

- la admisión del retiro de los bombarderos IL-28, bajo la presión norteamericana para que se retiraran diversos tipos de armamentos que no habían sido previamente cuestionados por los Estados Unidos, así como 20 000 soviéticos que estaban operando medios convencionales. (En Cuba había unas 40 000 tropas soviéticas). Estos tampoco estaban en el cálculo norteamericano, y eran parte legítima del

23 Véase "Declaración del Gobierno Revolucionario de Cuba", en *Revolución*, La Habana, 24 de octubre de 1962, p. 7.

dispositivo de disuasión vigente, tanto para un ataque norteamericano, como para las acciones de la contrarrevolución en la región del Caribe;[24]

* la responsabilidad política contraída por el gobierno ante el pueblo cubano, que se había manifestado dispuesto a llegar hasta el final por defender la Revolución y la soberanía nacional.

Este último asunto es relevante, pues la Crisis no se produjo en el vacío, a pesar de que muchos análisis parecen olvidarlo. En los tres países el contexto de la opinión pública nacional era contrastante. En los Estados Unidos, predominó el pánico, como resultado de la exacerbación del peligro y sobre todo de la cultura de la guerra fría. En la URSS, prevaleció la ignorancia, como resultado de que no se informó a la opinión pública la gravedad de lo que realmente estaba pasando. En Cuba, tanto cubanos, como soviéticos conocían el peligro no sólo de invasión, sino de ataque nuclear, pero el estado de movilización general mantenía alta la moral. En ese entorno tan caldeado, el gobierno cubano tuvo que hacer acopio de moderación y prudencia, no sólo para enfrentar las amenazas y acciones militares norteamericanas y las inconsecuencias soviéticas, sino para que la opinión

24 La posición soviética quedó vulnerable al decir "las armas que los norteamericanos consideran ofensivas", pues de hecho aceptaba la definición de armas ofensivas hechas por la declaración de Kennedy anunciando la cuarentena: cohetes balísticos, bombarderos, cazabombarderos, lanchas torpederas clase "Komar", ojivas, armas y todo tipo de propulsores para estas armas. La mayoría de estas armas ya estaban en Cuba y no habían sido objetadas por Kennedy como ofensivas. Finalmente, no todas estas otras "armas ofensivas" fueron también retiradas. Véase intervenciones en Reunión de Moscú de Raymond Garthoff: 28 de enero, sesión de la mañana y Lev Mendelevitch: 27 de enero, sesión de la mañana.

pública movilizada asimilara los términos del arreglo, tratando de que el costo político fuera el menor posible.

¿Significa lo anterior que Cuba se vio obligada a adoptar una postura pragmática, plegada a las circunstancias determinadas por el acuerdo entre las superpotencias, y que de hecho renunció a la política que había mantenido? Podría afirmarse que el momento más complejo de la Crisis para Cuba fue cuando su aliada, la URSS, cambió inconsultamente sus posiciones, al tiempo que se mantenía e incluso se recrudecían las acciones militares norteamericanas en torno a la Isla. Como cuestión de soberanía, Cuba no aceptó explícitamente como bueno que no se le consultara, por todo lo que ya se ha explicado; pero tampoco aceptó la inspección unilateral de la ONU, al no haber sido parte del acuerdo –asunto comprendido por el propio secretario general U Thant durante su visita–; y se negó a admitir indefinidamente los vuelos rasantes sobre su territorio.

En efecto, Cuba había dado la orden de interrumpir el fuego contra los vuelos rasantes para no dar al traste con el acuerdo soviético-norteamericano, a raíz de haberse alcanzado éste. Pero durante las conversaciones con los representantes soviéticos había advertido que no los toleraría, en la medida en que éstos rebasaban el límite de los intereses de seguridad y de la soberanía cubanos, y en que corríamos el riesgo de que se constituyeran en *modus vivendi*. La URSS creía que los vuelos rasantes respondían al interés de los "halcones", y que eran el costo que había que pagar para mantenerlos a raya. En Cuba, el teatro de la guerra, dejar que los vuelos siguieran habría disminuido la moral de combate.

El derribo del U-2 –acción fuera del control de Cuba, pero en consonancia con la actitud cubana– había agudizado la tensión y polarizado las posiciones en el *ExCom*. Pero por eso mismo había contribuido implícitamente a reafirmar a los moderados y en particular a Kennedy en la línea de la negociación con la URSS. No podríamos sostener aquí con certeza que el gobierno cubano tomó esto en cuenta al decidir el reinicio del fuego antiaéreo a baja altura –previo anuncio al Secretario General de la ONU– el 15 de noviembre.[25] Lo que sí es evidente es que la orden de actuar a la artillería antiaérea cubana llevó a Kennedy, a partir del 16 de noviembre, a suspender primero y a cancelar después los vuelos rasantes.

En resumen, la posición cubana se caracterizó por seguir una lógica de principios, reconocer y medir conscientemente el peligro, aceptar la realidad de las decisiones ya irreversibles y, al mismo tiempo, ser consecuente con su política, luchando por hacerla realidad en la medida en que esta resultaba viable y al alcance de sus fuerzas. Su contribución a preservar un acuerdo mal realizado y a llenar algunas de sus lagunas más críticas fue decisiva.

Algunos efectos no tan secundarios

Los cubanos reafirmamos siempre la validez del acuerdo soviético-norteamericano sobre la Crisis de Octubre, para no contribuir a llevar agua al molino de aquellos que dicen que ese acuerdo nunca existió como tal o ya

25 Cfr. nota 8.

caducó. Lo cierto es que el acuerdo tiene importancia para los Estados Unidos, primero, porque es un compromiso contraído con la URSS, y segundo, porque les garantiza que ésta no volverá a poner CB en Cuba. La verdad es que a Cuba le resultaba –y aún le resulta– difícil creer en la palabra de los Estados Unidos. Playa Girón –posiblemente el otro acontecimiento más importante en la configuración de las relaciones bilaterales– cristalizó la percepción cubana de que los Estados Unidos eran capaces de hacer uso del engaño y el ocultamiento[26] en su política exterior, con consecuencias letales para el adversario. La evaluación de los cubanos sobre la política norteamericana era que ésta se atenía a la coyuntura, al cálculo de las fuerzas en juego, así como del riesgo, basándose más en una lógica costo-beneficio que en la sujeción estricta a normas legales o morales. De manera que no podíamos sentirnos seguros en manera alguna.

En efecto, después del acuerdo, se mantuvo la actitud hostil de los Estados Unidos, arreciaron los ataques piratas desde bases en Centroamérica, la actividad de las bandas contrarrevolucionarias, las provocaciones en la Base de Guantánamo. Fuera o no una política especialmente priorizada por la Casa Blanca, los "halcones" siguieron en la conducción de la política hacia Cuba, en particular los elementos en el *staff* del Consejo Nacional

26 Precisamente estos dos rasgos, correspondientes "al más estricto secreto detrás de la capa del engaño" (*strictest secrecy behind the cloak of deception*), son los que atribuyen los norteamericanos a la conducta soviética al instalar los cohetes en Cuba, calificándolos de causantes de la Crisis (Ver Bruce Allyn, James Blight y David Welch: *Moscow, Havana and the Cuban Missile Crisis*, Center for Science and International Affairs, Harvard University, p. 7.

de Seguridad, la CIA y el Pentágono. En la propia campaña presidencial de 1964, los republicanos cuestionarían la validez de los acuerdos de octubre de 1962. Este no sería sino el primero de una serie de cuestionamientos que llegan hasta nuestros días.[27]

Entre las secuelas de la Crisis estuvo la permanencia de una brigada motomecanizada de 2 000 hombres, remanente de los 42 000 que llegó a haber en Cuba. Esta brigada, bautizada luego "Centro de estudios de especialistas militares soviéticos" por el gobierno de la URSS, simbolizaba la continuidad del compromiso de ese país con la Revolución Cubana. Paradójicamente, la tal brigada de combate daría lugar diecisiete años después a una "minicrisis" que tuvo como escenario fundamental el Congreso de los Estados Unidos.

En 1979, se reiteraría la preocupación norteamericana, esta vez en torno al suministro de aviones soviéticos MiG-23, supuestamente capaces de portar armamento nuclear. Ya antes, en 1970, la construcción de una supuesta base de submarinos en Cienfuegos había dado lugar a una serie de aclaraciones y confirmaciones entre la URSS y los Estados Unidos. Todas estas confusiones han nacido de una rama común: la inexistencia de una interpretación unívoca del entendimiento de 1962, dada su imprecisión como mecanismo regulador de carácter militar y, por consiguiente, sujeto a las especulaciones y los vaivenes que afectan en los Estados Unidos a la

27 Según el ex presidente Ronald Reagan, Cuba habría violado los términos del acuerdo al "exportar la Revolución" a América Latina y África. Véase "Reagan backs restraints in relations with Havana. Transcript interview with WRHC Radio Station in Miami", agosto 27 de 1985.

política interna y a la política hacia América Latina. Esta rama nace de un tronco torcido: la carencia de un acuerdo donde las tres partes consintieran en sujetar sus políticas a términos que satisfacieran sus legítimos intereses de seguridad.

Se ha argumentado que gracias a la Crisis de Octubre los Estados Unidos admitieron el socialismo en América. La lectura norteamericana parece haber sido apenas que la Crisis redujo la probabilidad de dar cuenta de la Revolución Cubana por medio del uso directo de sus fuerzas. La política posterior de los Estados Unidos en América Latina parece confirmar la idea de "no más Cubas", al costo incluso de una intervención directa. La forma en que se solucionó la Crisis no impidió a los Estados Unidos organizar futuras invasiones contra supuestas revoluciones socialistas en países como República Dominicana y Granada, amenazantes concentraciones de fuerzas y ocupaciones militares en territorios supuestos claves para su seguridad, como Honduras y Panamá, o acosos militares abiertos a supuestos regímenes marxista-leninistas como el de Nicaragua. La invasión a Panamá no fue sino una confirmación de este patrón. Tampoco el acuerdo contraído con la URSS es un obstáculo para que el día de mañana los Estados Unidos envíen tropas a lo que consideren un triunfo inminente del marxismo o del narcotráfico en un país de Centroamérica o Suramérica, interviniendo en los asuntos internos de un país latinoamericano.

Una cuestión de la mayor importancia se refiere a las implicaciones del acuerdo soviético-norteamericano en relación con sus políticas hacia el Tercer Mundo en general. Todavía los historiadores no disponen de la información necesaria para poder evaluar en qué medida la

54

forma de concertar el fin de la Crisis y la secuela de conversaciones secretas entre los Estados Unidos y la URSS –aún hoy desconocidas en su mayor parte– influyeron en lo que ocurriría con posterioridad en el sudeste asiático. De entrada, parecería que si no hubo otra crisis nuclear es posible que se deba más a las reglas asumidas que a la falta de oportunidades. La relativa tolerancia mutua frente a estas intervenciones le ha ahorrado a la Humanidad una catástrofe nuclear. Al mismo tiempo, le ha garantizado hasta el presente un estado de guerra permanente en el Tercer Mundo. Así, la exacerbación de los conflictos regionales producto de la intervención de las superpotencias habría funcionado, en la lógica bipolar, como pararrayos para un conflicto nuclear.

No está claro cuánto tiempo más esta ley de la selva limitada podría garantizar la paz nuclear, en un mundo donde el monopolio atómico ya no existe. Tampoco para este peligro la fórmula de solución a la Crisis nos ofrece un patrón eficaz. En efecto, como se sabe, el acuerdo no se dirigía a establecer un compromiso que ligara a la Isla. Aunque Cuba no tenía una política de obtención del arma nuclear, según su derecho soberano era un país libre de poseer estas armas, ya que no se encontraba atada a ningún convenio regional, internacional o bilateral que así lo proscribiera, hasta que se sumó al Acuerdo de Tlatelolco.[28]

Pero en última instancia también habría que matizar las interpretaciones sobre la capacidad del acuerdo de 1962 para prevenir un conflicto nuclear en un sentido

28 Este era el caso de muchos otros países, por razones de política exterior o de seguridad nacional, como son los de Brasil, Argentina, la India o Israel.

general. La Crisis puso sobre el tapete la necesidad de acuerdos en este terreno y, en efecto, se firmó casi en seguida un tratado sobre prohibición de ciertas pruebas atómicas. Posteriormente, se avanzó en el complejo asunto del control de armamentos nucleares. De hecho, la URSS y los Estados Unidos nunca más se han vuelto a ver al borde de un choque directo. Sin embargo, la salida de la Crisis pudo ofrecer a los soviéticos el argumento de que sólo la paridad nuclear les iba a garantizar que en el futuro no se vieran arrinconados por los misiles de la OTAN y la formidable superioridad norteamericana, en condiciones de extrema vulnerabilidad política, sujetos potenciales de lo que entonces se llamaba "el chantaje atómico". Si esta fue una de las lecciones de la Crisis o no, el hecho es que la carrera nuclear alcanzó un ritmo cada vez mayor, y que los arsenales de las dos superpotencias en sus propios territorios así como en Europa se incrementaron geométricamente. Mientras más medidas de seguridad –teléfonos directos, recursos de confirmación, dispositivos de autorización, reducción del margen de error humano, etcétera– se han desarrollado, de manera paradójica el potencial de aniquilamiento completo de la población del planeta y sus condiciones mínimas de existencia en la actualidad es mucho mayor que en 1962.

En resumen, la virtud pacificatoria del acuerdo de 1962 fue real, pero limitada, ya que no fue el inicio de un proceso profundo de distensión. Este proceso requeriría basarse en algo más que en la invención de sucesivos instrumentos jurídicos y técnicos, que siempre han quedado a la zaga de los nuevos sistemas de armas no convencionales.

Lecciones y anti-lecciones

Las lecciones que se han extraído hasta hoy sobre la Crisis de Octubre se caracterizan, en su mayoría, por un tono globalista. En estas se enfatiza la perpectiva de las superpotencias y su responsabilidad en cuanto a la preservación del género humano, la necesidad de acabar con la guerra y las armas nucleares, etcétera.

Desde luego que desde la perspectiva del Tercer Mundo estas lecciones son compartidas. Sin embargo, son insuficientes, ya que no suelen incorporar las enseñanzas específicas que la Crisis contiene respecto a la realidad de los países del Tercer Mundo, los que constituyen la mayoría del género humano, la más afectada por la guerra y los gastos nucleares. Es necesario una reflexión centrada en esta perspectiva, no sólo porque ocurre que estos países son los susceptibles de convertirse en escenarios del tipo de crisis como la de octubre de 1962, sino porque son también lecciones de alcance global, que podrían igualmente resultar útiles a las superpotencias.

A continuación expondremos algunas de estas lecciones –las que desde luego sólo tienen el alcance de una reflexión personal–.

> *La primera lección es que los pequeños países necesitan constituir una seguridad nacional, complementaria de un esquema de seguridad internacional, por medio del desarrollo de una capacidad propia de defensa de su soberanía e independencia.*

La hostilidad continuada de una potencia puede dejar a un país pequeño sin otro recurso que el de fortalecer de manera amplia su sistema defensivo como única alternativa de disuasión. Independientemente de los indicios que el gobierno cubano poseyera entonces,[29] una mirada retrospectiva nos permite apreciar que en 1961-1962 la política norteamericana hacia Cuba recorría objetivamente el camino de la escalada. El gobierno de Cuba y una parte mayoritaria de los cubanos –incluidos los que radicaban en la Florida– estaban persuadidos de que los Estados Unidos le estaban subiendo la presión a la Revolución. Esa escalada seguía el camino de la invasión, lo que significaría para Cuba un costo de cientos de miles de vidas. La decisión cubana respecto a los cohetes balísticos (CB) equivalía a prevenir la alternativa del ataque convencional –el más probable– al consolidar una posición más segura.

La prevención cubana era suficientemente pública como para que los Estados Unidos la hubieran percibido. Era difícil ya a esas alturas suponer que, bajo los efectos de la amenaza de agresión, el régimen cubano se iba a poner de rodillas. Si, como se ha dicho,[30] la línea

29 A partir de julio de 1961, el gobierno cubano conoció el inicio de un plan para reclutar exiliados de origen cubano y adiestrarlos aceleradamente como parte del ejército norteamericano; lo mismo ocurrió en Guatemala, Nicaragua y otros países cuyos gobiernos eran aliados de los Estados Unidos, con los cuales éstos coordinaban una eventual agresión. Se incrementó asimismo la exploración aérea y naval sobre Cuba. Los ejercicios militares, como el Amphibix 62, en la zona del Caribe, simulaban tener a Cuba como objetivo. Los efectos del Plan Mongoose se hacían sentir en el incremento de la subversión, el sabotaje y el bandidismo.
30 Intervención de Robert McNamara, McGeorge Bundy, Ted Sorensen y otros ex miembros de la administración Kennedy en la Reunión de Moscú, 29 de enero de 1989.

prevaleciente en la Administración Kennedy no tenía en el fondo las intenciones de atacar en realidad, entonces hay que admitir que los Estados Unidos intentaron conscientemente atemorizar a Cuba y, por tanto, habrían sido los responsables de que esta hubiera elegido una vía extrema. ¿Qué otra salida tenía Cuba entonces sino acudir a las armas soviéticas? ¿De qué otra manera disuadir a los Estados Unidos, una superpotencia nuclear, sino con la disuasión nuclear?

Por otra parte, la instalación de los CB colocaba a Cuba en cierta menor desventaja frente a los Estados Unidos, quienes habían usado hasta entonces la enorme asimetría existente como un permanente recurso psicológico en la agresión contra la Revolución.

No obstante, hoy sabemos que el gobierno cubano nunca le pidió cohetes balísticos a la URSS. La reacción cubana no fue la de la vía extrema, a pesar de los signos de peligro que los Estados Unidos le habían sembrado alrededor. En cualquier caso, la *constitución de su seguridad* sí era una cuestión vital para Cuba. Esta garantía se le presentaba a Cuba entonces en la fórmula de que cualquier agresión de parte de los Estados Unidos significara de hecho una agresión contra la URSS. Al aceptar la propuesta soviética, sin embargo, Cuba entendía que estaba respondiendo a una causa mayor, es decir, la consolidación del poder defensivo de todo el campo socialista frente a los Estados Unidos. Aunque, de hecho, los cohetes cumplían una doble función, ya que objetivamente fortalecían la defensa de Cuba.

Con independencia del valioso apoyo soviético, Cuba debía ser capaz en lo adelante de defenderse con los medios a su alcance. La consolidación de su propio sistema defensivo sería desde entonces la principal vía de disuasión ante la amenaza externa.

Una segunda lección es que, para preservar su seguridad e independencia, los países pequeños requieren mantener una posición inclaudicable, y al mismo tiempo disponer de una gran cuota de sabiduría política, realismo y decisión, en sus relaciones con las superpotencias.

La firmeza cubana a menudo ha sido mal interpretada como tozudez o apasionamiento. Esta visión estereotipada se puede modificar si se examina detenidamente la posición mantenida por la Isla durante la Crisis.

Cuba consintió de hecho en cooperar con los términos esenciales de un acuerdo en el que no participó, a pesar del costo político que éste le causaba, de la afectación a su imagen internacional, y del perjuicio neto que le acarreaba a su seguridad el retiro adicional de armamento y colaboración militar soviética no nuclear.

Además, debe entenderse también que el gobierno cubano tenía una responsabilidad política fundamental ante el pueblo de Cuba, que se había manifestado dispuesto a llegar hasta el final por defender la Revolución y la soberanía nacional. Una política de claudicación hubiera sido repudiada por la mayoría del pueblo.

Por ello, la aceptación cubana del entendimiento soviético-norteamericano no conllevó la adopción de una postura meramente pragmática, plegada a las circunstancias determinadas por el acuerdo entre las superpotencias, ni la renuncia a la política que había mantenido.

Podría afirmarse que el momento más complejo de la Crisis para Cuba fue cuando su aliada la URSS cambió inconsultamente sus posiciones, al tiempo que se mantenían e incluso se recrudecían las acciones militares norteamericanas en torno a la Isla. Como cuestión de soberanía, Cuba no aceptó explícitamente como bueno que no se le consultara; pero tampoco aceptó la inspección unilateral de la ONU –como tampoco la habrían admitido en su caso los Estados Unidos y la URSS– al no haber sido parte del acuerdo.

Por la misma razón, Cuba se negó a admitir indefinidamente los vuelos rasantes sobre su territorio. De hecho, la orden de actuar a la artillería antiaérea cubana el 15 de noviembre llevó a Kennedy a suspender inmediatamente primero y a cancelar después los vuelos rasantes. Esto impidió, en definitiva, que se estableciera una práctica muy peligrosa, capaz de volver a encender en cualquier momento la llama de la Crisis.

En resumen, la posición cubana se caracterizó por seguir una lógica de principios, reconocer y medir conscientemente el peligro, aceptar la realidad de las decisiones ya irreversibles y, al mismo tiempo, ser consecuente con su política de no claudicación, luchando por hacerla realidad en la medida en que esta resultaba viable y al alcance de sus fuerzas. Su contribución a preservar un acuerdo mal realizado y a cubrir algunas de sus lagunas más críticas fue decisiva.

La tercera lección es que una política de principios y consecuente con su filosofía, contribuiría no sólo a evitar las crisis, sino a construir soluciones de fondo para las que surjan.

Las movidas de las superpotencias –y para el caso, de las potencias medias y de sus propios aliados menos poderosos en el Tercer Mundo– deben ir acompañadas de una política de principios, acorde al derecho internacional y consecuente, de manera que no se creen situaciones ambiguas que, en un clima de tensión y enfrentamiento, tiendan a hacer que se pierda el control sobre los acontecimientos y se caiga en la espiral de una crisis.

Desde el punto de vista moral y legal, Cuba se sentía en el derecho de instalar en su territorio las armas que estimara convenientes. Este fue un punto sobre el cual Cuba enfatizó especialmente. Era necesario un acuerdo que explicitara el compromiso de ambas partes, sobre la base del derecho internacional. El proyecto de convenio cubano-soviético –como fue enmendado en agosto de 1962– refleja el alcance y naturaleza de la política de colaboración militar.[31] Este debía ser algo más que "Cooperación militar para la defensa del territorio nacional de Cuba en caso de agresión", siendo enmendado como "Cooperación militar y defensa mutua", ya que si había una guerra entre los Estados Unidos y la URSS, Cuba iba a ser un blanco, como se demostró durante la Crisis.

Una cuarta lección –o más bien anti-lección– consiste en un apotegma de realpolitik: "el predominio de la fuerza engendra una lógica en espiral según la cual la solución de los problemas sólo se encuentra en el incremento de la fuerza".

Según algunos, un factor estratégico decisivo para solucionar la Crisis habría sido la superioridad nuclear

31 Intervención de Jorge Risquet en la Reunión de Moscú, 27 de enero de 1989.

de los Estados Unidos.[32] Paradójicamente, la lógica de la fuerza ha ido negándose a sí misma. En efecto, si en aquellas condiciones ventajosas en número absoluto de CB respecto a la URSS, los Estados Unidos debieron recurrir a la disuasión –por la que abogaban los moderados– y no a la fuerza –defendida por los "halcones"–, en las condiciones actuales –en que la superioridad nuclear ha dejado de ser una pespectiva políticamente realista– parecería que la historia se ha movido en el sentido de los negociadores.

Por otra parte, ¿qué representaban una década después los 42 CB de alcance medio instalados en las bases existentes en Cuba, comparados con los cientos de SLBM (misiles nucleares portados por submarinos) instalados en naves soviéticas cercanas a las costas de los Estados Unidos, capaces de destruir en pocos minutos los principales centros de población norteamericanos y hacer inhabitable el resto del país? ¿Qué es el aumento calculado entonces en un 40 % de la capacidad nuclear soviética frente a unos Estados Unidos que le seguía superando en 15 veces la fuerza estratégica global, comparado con la paridad nuclear alcanzada apenas diez años después? De hecho, los misiles soviéticos de trayectoria deprimida y los instalados en submarinos colocaron a los Estados Unidos bajo un poder de fuego nuclear varias veces superior en potencia y redujeron el tiempo de vuelo en una proporción que supera todo lo

32 Ver la caracterización de las posiciones de Dillon, Taylor y los militares que hacen James Blight, Joseph Nye y David Welch: "The Cuban Missile Crisis Revisited", *Foreign Affairs*, vol. 66, no. 1, 1987, pp. 173-174.

que los Estados Unidos temieron entonces acerca de aquellos CB en Cuba.[33]

La cruda lección de *realpolitik* es que en buena medida el gobierno norteamericano está dispuesto hoy a negociar la reducción de las fuerzas nucleares precisamente porque reconoce el poder nuclear acumulado por la URSS.

Del lado cubano, aunque a la postre los cohetes se tuvieron que retirar, se reafirmó la lección sobre la necesidad de continuar fortaleciéndose militarmente, con la ayuda soviética. Gracias a esta ayuda sostenida, la organización de la defensa cubana se fue consolidando cada vez más. Se estableció así en Cuba un sistema defensivo que incrementaría por encima de lo aceptable los costos de una agresión, convirtiéndose en un eficaz mecanismo de disuasión para el futuro. Esta capacidad disuasiva ha funcionado en el tiempo como factor para la prevención de otras crisis.[34]

Una quinta lección atañe a la insuficiencia del modelo de acuerdo de la Crisis para construir un modus vivendi estable entre una superpotencia –como los Estados Unidos– y un país pequeño y vecino, como Cuba.

Una lección complementaria de la anterior es que el uso de la fuerza, a la larga, no paga. Los conflictos que

33 El análisis de Raymond Garthoff, encargado de evaluar la significación militar real de los cohetes soviéticos en Cuba para la balanza estratégica, sólo estuvo disponible cuando la Crisis estaba ya avanzada y las principales decisiones de política norteamericana habían sido ya tomadas. Ver Garthoff: ob. cit.

34 Aunque no crisis de carácter nuclear: durante la administración Reagan, la teoría de "ir a la fuente" del general Alexander Haig constituyó una muestra del peligro que aún subsiste. Cfr. Alexander Haig Jr.: *Caveat: Realism, Reagan and Foreign Policy*, New York, Mc Millan, 1984, pp. 98 y 129.

aparentemente se solucionan sólo gracias a la asimetría de las fuerzas, en realidad son pospuestos. Las únicas soluciones de fondo son las que se construyen sobre arreglos políticos, basados en la igualdad de derechos de las partes.

Las relaciones entre Cuba y los Estados Unidos están condicionadas por la tremenda asimetría existente entre los poderes de ambos. Su convivencia o coexistencia no puede basarse en la misma clase de arreglos que ordenan las relaciones entre las grandes potencias. Si bien el acuerdo limitó seriamente la posibilidad de un ataque directo de los Estados Unidos contra Cuba, no puede afirmarse que tuvo un efecto pacificador sobre las relaciones bilaterales. Si significó un paso de avance en el diálogo Este-Oeste que condujo a la llamada "coexistencia pacífica", no puede tampoco afirmarse que de esta coexistencia entre las grandes potencias se haya derivado históricamente el avance en la solución de los conflictos de escala regional.

Para que un acuerdo que involucre a una superpotencia y a un pequeño país funcione se requiere algo más que un compromiso verbal. A pesar del acuerdo entre Jrushov y Kennedy, otras Administraciones y líderes políticos norteamericanos han cuestionado su validez, convirtiéndolo en objeto de múltiples interpretaciones. En realidad, los Estados Unidos no renunciaron, en virtud del acuerdo, a su presunción hegemónica sobre la Isla.[35]

En rigor, la consistencia de un proceso de entendimiento entre dos países de escalas tan diferentes está

35 Véase "Reagan Backs Restraints in Relations with Havana", ob. cit.

más dado hoy por la lógica costo-beneficio del país grande –es decir, está más determinado por lo que el país grande gane o pierda en caso de que se frustre el proceso– que por la existencia de una estructura internacional que pueda reducir relativamente las asimetrías reales.

Está claro que los organismos internacionales –como la ONU– no han desempeñado en el conflicto Estados Unidos-Cuba su auténtico papel de equilibrador de las asimetrías. La política de doble standard prevaleciente en el organismo ante otras crisis internacionales, como la del Golfo Pérsico, así lo confirma. La inequidad en el tratamiento a infractores de la ley internacional, como son los de Irak e Israel, refleja el peso del sistema oligárquico que sigue rigiendo al Consejo de Seguridad.

Se requiere un mecanismo multilateral que contribuya a respaldar realmente a los países pequeños en el acceso efectivo a sus derechos legítimos como Estados soberanos, puesto que no hay que esperar estabilidad de la libre acción de las fuerzas de la geopolítica. Desde el punto de vista norteamericano, a noventa millas de los Estados Unidos y a más de cinco mil de la URSS, a la Isla le toca ser parte de su "zona de influencia".

La sexta lección es que las negociaciones no son un fin en sí mismo, sino un medio para alcanzar la estabilidad.

Esta lección podría considerarse como una especie de corolario de la anterior. Si las actitudes ante la negociación no son más que otra versión de las actitudes basadas en la fuerza, como fue el caso de la Crisis, las negociaciones por sí mismas no modifican esencialmente el *statu quo*.

Cuba ha mantenido ante los Estados Unidos una disposición al diálogo sin condiciones previas, aun en los años más tensos de la Administración Reagan. La política norteamericana, sin embargo, se ha caracterizado por la unilateralidad y el ultimátum ante la Revolución. El diálogo requiere, ante todo, una voluntad política, de la cual parece carecer la actual Administración –aun si no se excluyera del todo la posibilidad de un cierto diálogo en el futuro–.

Se debe subrayar, en primer lugar, que existe una diferencia entre el diálogo y la negociación. En la lógica de la política cubana estaría discutir cualquier diferencia con la parte norteamericana; no negociar sus derechos soberanos, tanto en la política interna, como tampoco en las relaciones exteriores.

Como se sabe, la carencia de un régimen de diálogo no se debe a la falta de un canal de comunicación, un dispositivo para transmitirse mensajes. Un régimen de diálogo no sería un mero mecanismo, sino la expresión de una voluntad política. Esta voluntad implicaría la discusión de los problemas, el esclarecimiento mutuo de las políticas, la precaución de posibles consecuencias no deseadas, la confirmación de una apreciación insegura; permitiría ponderar de antemano la posibilidad de una crisis y constituiría el primer escalón en un proceso que potencialmente –aunque no necesariamente– condujera a la mesa de negociaciones.

Un régimen de diálogo implicaría, como presupuesto fundamental, el respeto recíproco a las soberanías respectivas; procuraría evitar el uso de la fuerza y la unilateralidad en las relaciones mutuas y supondría que ambas partes se dispongan a considerar bilateralmente los problemas que pueden afectar el interés respectivo.

Se debe considerar asimismo que la negociación, a su vez, es sólo un medio para conseguir un régimen estable de relaciones. Una normalización que se limitara a anunciar que las secciones de intereses son en lo adelante embajadas no tendría un significado político fundamental. Tampoco si la normalización pretendiera construir un modelo ideal de relaciones en virtud del cual se lograra la armonía entre los dos países.

Sería ingenuo suponer que gracias a una política de diálogo estaría garantizado que los Estados Unidos o Cuba no se verían envueltos en ninguna de las posibles crisis futuras. No es de esperar que la Isla renuncie a una política de principios que, además de responder a una visión del mundo orgánicamente articulada, le ha reportado el reconocimiento de los países del Tercer Mundo en general y que no le ha impedido la reinserción en América Latina. Tampoco es probable que los Estados Unidos renuncien espontáneamente a su pretensión hegemónica en el hemisferio ni se vayan a apartar en breve de la conocida doctrina de las esferas de influencia.

A pesar de esta tendencia básica y general al conflicto de intereses, de manera particular agudo en coyunturas de crisis en la región, el régimen de diálogo puede tener una significación importante, en especial cuando los focos de crisis sean susceptibles de resolverse por medios políticos. Un régimen de diálogo permitiría que estas crisis pudieran ser examinadas en un ámbito políticamente más constructivo, de carácter bilateral o multilateral. En estas circunstancias, basándose en su propia experiencia de 1962, es de esperar que la política cubana promovería el reconocimiento y la participación de los actores regionales involucrados en las crisis.

La conformación de esta política de diálogo puede hacer más por prevenir esas crisis que los acuerdos de octubre de 1962. Éstos fueron una oportunidad perdida para el diálogo y, probablemente, para la negociación. Sus lecciones y anti-lecciones, sobre todo en la dimensión del Tercer Mundo, nos recuerdan que una genuina seguridad internacional, que acoja a todos los países –y no sólo la seguridad definida por las grandes potencias– es un edificio que hay que construir desde abajo.

Cuba y la seguridad en el Caribe

Cuba es la mayor de las islas del Caribe, con una historia inextricablemente entrelazada con la de la subregión, por su sociedad y su economía. Al mismo tiempo, constituye un caso singular, por su trayectoria de tropiezos y alianzas con potencias mundiales, vínculos extrahemisféricos y derroteros políticos particulares.

Esta premisa, más bien obvia, contiene un amplio haz de antecedentes e implicaciones para el Caribe contemporáneo y para el desenvolvimiento de la política cubana en los próximos años.

Intento discutirlos desde tres perspectivas. La primera procura contribuir a un examen crítico del tópico de Cuba en la agenda de seguridad interamericana, como parte de un ejercicio de revisión de la guerra fría y sus secuelas para la situación actual y perspectiva. La segunda caracteriza la dinámica de las concepciones y políticas concretas cubanas en el terreno de la seguridad nacional e internacional en la posguerra fría. La tercera apunta a una perspectiva de encuentro sobre el tema de la seguridad colectiva entre Cuba y el resto del hemisferio, en particular en el área del Caribe.

Mi intención es adelantar una revisión crítica de la historia de la región en la guerra fría, como marco para proponer un análisis racional de los intereses y posibilidades cubanas en esta confusa posguerra, y de la oportunidades de entendimiento y colaboración con otros países del Caribe y del resto del hemisferio.

Cuba en el contexto interamericano: Revisando las paradojas de la guerra fría

La contención del comunismo y de la URSS era la fuerza motriz detrás de la política exterior norteamericana en la guerra fría. Después de 1959, las percepciones sobre Cuba estuvieron moldeadas por ese código, según el cual la "exportación de la Revolución" y la "alianza con la URSS" eran las dos principales faltas cubanas. La posguerra fría ha cambiado la lógica de las percepciones internacionales, abriendo un espacio para el replanteo crítico de ciertos esquemas analíticos predominantes. Quizás ya sea tiempo de revisar algunas de esas percepciones sobre Cuba heredadas del período anterior.

Desde los primeros años de la década de los 60, fue evidente que las percepciones sobre Cuba guardaban entre sí una curiosa inconsistencia. En efecto, con independencia del juicio que pudiera tenerse acerca de la solidaridad cubana con los movimientos revolucionarios y anticolonialistas en América Latina y África, es un hecho patente que no había apoyo soviético ni chino detrás de las operaciones de Cuba en esas regiones. En otras palabras, la gran paradoja consistía en que Cuba no "exportaba la revolución" como "satélite de la URSS" –más bien todo lo contrario–. Incluso hasta la década de los 80, la mayoría de esos compromisos cubanos se mantuvieron como continuidad de relaciones políticas tejidas al margen, y a veces a contrapelo, de su alianza soviética. En general, estos respondían a luchas nacionales y movimientos políticos que no fueron engendrados por la guerra fría, ni respondían a la lógica del conflicto Este-Oeste.

La segunda paradoja resultó ser que la "amenaza" ante la cual reaccionaron los Estados Unidos –la duplicación de la Revolución Cubana en la región– no era una opción tan inminente como se pudo creer en los años 60. En efecto, se sobrestimaron las probabilidades de que "otras Cubas" surgieran en el hemisferio. Sin embargo, el remedio que se quiso poner a aquella supuesta amenaza pudo convertirse en una profecía autocumplida. El confinamiento político y económico impuesto a Cuba en los años 60 por los Estados Unidos y por el sistema interamericano sólo reforzó la objetiva situación de aislamiento ideológico y geopolítico en que se encontraba el régimen socialista cubano dentro del hemisferio occidental. El castigo a la Isla era una manera de disuadir a otros a que tomaran ese camino, pero tuvo un efecto contraproducente. Excluida del sistema interamericano, Cuba se sentía libre de responder de la misma manera, identificándose con casi todos los revolucionarios en la región.[1]

Ciertamente, la política de aislar a Cuba ha tenido un efecto negativo. La escalada aplicada contra la Isla entre 1959 y 1962 tuvo consecuencias altamente peligrosas. Las presiones diplomáticas, el bloqueo económico, el

[1] El período de mayor intensidad en el involucramiento cubano con los movimientos insurgentes coincidió con la etapa de su máximo aislamiento en la región, es decir, 1965 a 1969. Para un examen documentado véase Carla Anne Robbins: *The Cuban Threat*, Lynne Reiner, Boulder, 1986.

aislamiento regional, la propaganda, las acciones encubiertas, las amenazas de invasión crearon las condiciones para la instalación de los misiles soviéticos en Cuba en octubre de 1962. Hoy se sabe que la reacción apocalíptica ante esos misiles no fue dictada principalmente por el instinto de conservación ante el peligro de un desbalance estratégico, sino, sobre todo, por razones domésticas[2] y de política hemisférica. En este segundo plano, la crisis fue acarreada por la hiperreacción ante la intrusión soviética en una "zona de interés vital" de los Estados Unidos, una especie de exabrupto político que les imputaba a los soviéticos la profanación de la Doctrina Monroe.[3] El ingrediente geopolítico, detonado por la ecuación Este-Oeste, fue el factor principal que recargó la situación y condujo a la crisis.

Aunque los soviéticos tuvieron que comprometerse a no reintroducir cohetes en la Isla –a cambio de la promesa norteamericana de no invasión– el peligro directo para Cuba no cesó realmente por obra y gracia del compromiso Kennedy-Jrushov. Si Estados Unidos no fue capaz de intervenir en Cuba en los años posteriores a octubre de 1962, esto se debió, además del desgaste de la guerra de Viet Nam, a la propia capacidad del régimen cubano para hacer que el costo político y militar

2   Cfr. Fen Osler Hampson: "The Divided Decision Maker. American Domestic Politics and the Cuban Crisis", en *International Security*, vol. 9, no. 3, Winter 1984-1985; Raymond Garthoff, *Reflections on the Cuban Missile Crisis*, The Brookings Institution, Washington, 1989.
3   Entrevista del autor con Arthur Schlesinger, 1989. Para una discusión más amplia, véase Rafael Hernández: "Treinta días: la crisis de Octubre y las relaciones entre los Estados Unidos y Cuba", *Papers on Latin America*, Institute of Latin American and Iberian Studies, Columbia University, 1991.

de una invasión fuera demasiado alto. Si las Administraciones norteamericanas posteriores a Kennedy se han abstenido de atacar[4] a Cuba, no se ha debido únicamente a la existencia de un entendimiento, sino al alto costo de una intervención directa con tropas.

Irónicamente, la amenaza a las democracias latinoamericanas y caribeñas en los años 60 no provino de las guerrillas, sino de las dictaduras militares. Aunque la contrainsurgencia prevaleció, la Alianza para el Progreso se quedó en el camino. La causa de Cuba no se logró por medio de la guerra de guerrillas, pero Cuba misma logró romper el bloqueo en la región y llevar adelante su programa de desarrollo social. A pesar de la continuada presión de los Estados Unidos, Cuba se reconcilió con la mayoría de América Latina y el Caribe, porque los gobiernos dejaron de temerle.

La tercera paradoja es que Cuba es hoy más importante en el hemisferio que lo que jamás fue antes de 1959, a pesar de que las guerrillas procubanas no triunfaron. Más allá de las afinidades ideológicas, el liderazgo cubano convirtió a la Isla en uno de los actores regionales más destacados, y en uno de los líderes del Tercer Mundo, con una política exterior global.

4 Esta opción se reactivó en los años 80, bajo el escenario que Alexander Haig llamaba "ir a la fuente". Cfr. Alexander Haig: *Caveat. Realism, Reagan and Foreign Policy*, Mc Millan, New York, 1984, pp. 98-129. Revelaciones posteriores del gobierno cubano han refrendado el riesgo de estos años, en particular la posición del gobierno soviético respecto a no extender su paraguas defensivo a Cuba, en caso de un ataque "preventivo" contra la Isla. El *military buildup* cubano de esta etapa se explica precisamente como un *quid pro quo* con la URSS ante esta contingencia. Ver "Entrevista de Raúl Castro a *El Sol* de México (II Parte)", *Granma*, 23 de abril de 1993, p. 4.

El factor constante a lo largo de todo este período ha sido la política de los Estados Unidos, ya que, a pesar de los cambios apuntados y de las profecías no cumplidas, la percepción norteamericana acerca de Cuba en los años post-Viet Nam se mantuvo ajustada a los lentes soviéticos. Esta óptica ha permanecido inexpugnable ante toda refutación lógica o histórica.

Cuba no ha sido una amenaza para las líneas de suministro de los Estados Unidos en el Caribe, ni ha causado procesos revolucionarios en ninguna de las islas cercanas. A pesar de las prevenciones norteamericanas,[5] las materias primas estratégicas que atraviesan el Caribe hacia los Estados Unidos nunca fueron amenazadas por Cuba.

También para la Isla la insistencia en la "amenaza cubana" ha perpetuado la percepción de la amenaza norteamericana. Es probable que la mayoría de los cubanos no piensen hoy que los Estados Unidos están decididos a invadir el país. Pero no estarían tan seguros de lo que podrían esperar si los Estados Unidos creyeran, por ejemplo, que se estaba gestando una situación de inestabilidad en Cuba. Algunos estrategas norteamericanos piensan que:

la manera en que el comunismo se derrumbe en Cuba puede tener implicaciones militares. ¿Debería los Estados Unidos asistir a las fuerzas democráticas insurgentes potenciales con medios militares? (...) ¿Será una causa justa para la comunidad intera-

5 Para un enfoque característico de esta etapa véase el artículo de Leslie Hunter y Joseph Cirincione en *Central America. Anatomy of Conflict*, editado por Robert Leiken, Pergamon Press, New York, 1984.

mericana el apoyo a la democratización y de qué manera?[6]

Las operaciones militares norteamericanas en el exterior –con independencia de si han sido con el propósito de "hacer la paz" o de "mantener la paz"– se perciben en Cuba como una reafirmación del empleo de medios militares en las relaciones internacionales y hacen resurgir la preocupación sobre el uso de la fuerza en el mundo posterior a la guerra fría.

Las misiones militares de los Estados Unidos en el Caribe no han cambiado dramáticamente con el fin de la guerra fría. El mantenimiento de ejercicios aeronavales en las Antillas (incluido el conocido como DEFEX en la Base Naval de Guantánamo),[7] así como la intervención en Haití de septiembre de 1994 estorban un cambio de percepción cubana ante una amenaza establecida desde la guerra fría.

Es curioso observar que muchas de las paradójicas percepciones sobre Cuba heredadas de la guerra fría permanecen esencialmente inalteradas.

La primera paradoja mencionada –la obsesión con las revoluciones en Washington comparada con su menor popularidad en Moscú o Varsovia– encierra una clave. En el mundo "suma cero" de la guerra fría, la cuestión de la ideología nacionalista de estas revoluciones era percibida como una sutileza académica. En efecto, ¿qué importancia ha tenido distinguir matices o motivaciones

6 F. Woerner y G. Marcella: "Mutual imperatives for Change in Hemispheric Strategic Policies: Issues for the 1990s", en *Evolving U.S. Strategy for Latin America and the Caribbean*, Ed. by L. Erik Kjonnerod, National Defense University Press, 1992, p. 57.

7 Véase nota del MINFAR en *Granma*, 21 de abril de 1993.

nacionales legítimos en la conducta de Fidel Castro? ¿A quién le interesa explicarse las decisiones cubanas a partir de su propia historia, cultura, tradiciones y valores nacionales? He aquí la cuarta paradoja: ha sido más relevante explicarse a Cuba como una provincia soviética que como un país caribeño que ha atravesado la experiencia transformadora de una revolución social.

Esta paradoja tiene implicaciones para la comprensión de la dinámica actual en torno a Cuba. Sólo si se asume que la sociedad cubana es producto de un cambio interno radical se puede explicar que el conflicto con los Estados Unidos y con la clase social expropiada no haya dependido totalmente de la guerra fría, lo cual podría otorgar cierta lógica a que se prolongue más allá de su defunción.

Por otra parte, esta asunción permite colocarse más objetivamente ante las motivaciones y conductas cubanas, así como caracterizar la evolución de su estrategia. La actuación de Cuba ante procesos de negociación de conflictos refleja un interés nacional convergente con una lógica de principios. Esta lógica no consiste en un grupo de consignas ni establece un marco rígido, sino que, por el contrario, resulta un componente constructivo para un esquema de diálogo. Por ejemplo, en 1989, la negociación del conflicto del suroeste de África demostró que la participación de Cuba como interlocutor era una vía más constructiva y eficaz para resolver el conflicto angolano-sudafricano y la independencia de Namibia que la prolongación de la guerra. A pesar de la moderación y el realismo cubanos, reconocidos por la delegación norteamericana ante estas negociaciones –y otras, como las que condujeron al acuerdo migratorio bilateral de 1984–, y de que éstas fueron apoyadas ampliamente por la ONU, los Estados Unidos ha seguido tratando a La Habana en términos más rígidos que a los países del bloque socialista bajo la guerra fría.

Angola, Etiopía, Nicaragua, El Salvador, la presencia militar soviética en Cuba –todos ellos considerados como principales obstáculos para mejorar las relaciones entre los dos países– han desaparecido, durante o después del fin de la guerra fría. Sin embargo, el aislamiento, la coerción, y la retórica dura no han cedido en la política de los Estados Unidos hacia Cuba. Más bien ha ocurrido lo contrario. Por ejemplo, la Enmienda Torricelli en 1992 estrechó el bloqueo norteamericano. Un método de negación total caracteriza a la política de los Estados Unidos hacia Cuba: obstrucción económica; aislamiento diplomático; exclusión del régimen de La Habana, a pesar de la presencia del gobierno cubano en las cumbres presidenciales de América Latina; mantenimiento de una política de desestabilización contra Cuba, sin tomar en consideración que esto refuerza la mentalidad de fortaleza sitiada, lo que no favorece un mayor espacio para el debate y el proceso de cambio interno en la Isla.

El entorno regional es muy favorable para una normalización de relaciones entre Cuba y los Estados Unidos. De manera progresiva, los países latinoamericanos han mejorado sus relaciones con Cuba, a pesar de sus diferencias ideológicas, desde principios de los años 70. La mayoría no comparte las ideas socialistas cubanas, aunque reconocen el nivel de apoyo popular de Fidel Castro. Considerando que no quieren votar contra los Estados Unidos en las Naciones Unidas o en la OEA, y están bajo su presión abierta para que voten contra Cuba, muchos ceden; pero la mayoría reconoce la determinación de Cuba por la independencia y soberanía nacional. Critican al régimen cubano, acusándolo de falta de libertad individual y reclaman un sistema multipartidista; pero advierten que la política de los Estados Unidos es contraria al libre comercio internacional, y ha sido contraproducente y lesiva en particular para el pueblo cubano. En definitiva, la política de los Estados Unidos no sigue un patrón multilateral hacia la Isla.

La imagen de Cuba en los Estados Unidos no ha sido nunca tan fuerte como el síndrome de Viet Nam.[8] En la imagen de Cuba no puede encontrarse algo similar al tema de "los prisioneros de guerra y perdidos en acciones combativas" que obsesiona a sectores de la opinión pública respecto a Viet Nam. Esto podría ser una ventaja, pero resulta en realidad, una desventaja. En términos del realismo político norteamericano, la quinta paradoja sería que Cuba no posee hoy nada que los Estados Unidos quisieran conseguir especialmente, excepto su independencia.

Conceptos como *estrategia de desgaste, aislamiento irresistible, contención* predominaron en el discurso sobre Cuba, al menos hasta la crisis migratoria de agosto de 1994, cuando la Isla fue considerada nuevamente como una prioridad en la agenda de esta Administración.

8 Para una comparación, véase Rafael Hernández: "Aprendiendo de la guerra fría: la política de los Estados Unidos hacia Cuba y Viet Nam", en *Cuadernos de Nuestra América*, no. 20, La Habana, julio-diciembre de 1993.

El avatar más importante a que condujo esta crisis, cuyas consecuencias todavía se prolongan, fue el acuerdo de devolver al "infierno comunista" a los balseros cubanos (migrantes ilegales capturados en el Estrecho de la Florida por el servicio de guardacostas de los Estados Unidos), dando con ello un giro radical a la política de excepcionalidad mantenida durante más de treintaicinco años hacia la Isla. Este proceso evidencia dos axiomas que informan la política norteamericana hacia Cuba. El primero es que *a pesar del fin de la guerra fría, Cuba sigue siendo vista por los Estados Unidos, en última instancia, a través del prisma de la seguridad nacional*. La segunda es que *los intereses de política exterior y otros de política doméstica prevalecen sobre la influencia de los grupos poderosos de la comunidad cubana.*[9]

En términos del prisma de seguridad nacional de los Estados Unidos –e incluso de otros países de la región– la peor variante no es la permanencia del régimen cubano sino al contrario, la pérdida de su estabilidad política. Ciertamente, los países del hemisferio podrían apreciar la notable estabilidad del sistema político cubano, en comparación con otros de

9   Al sentarse a negociar con Cuba, la administración Clinton hizo exactamente lo contrario de lo que los sectores intransigentes de Miami han promovido –de la misma manera que la Administración Reagan cuando firmó el acuerdo migratorio de 1984 o cuando se sentó a negociar con Cuba acerca del conflicto en el suroeste de África. Por más que la influencia de la elite de la comunidad sea relevante, quedó demostrado que, bajo el imperio de intereses de seguridad nacional, es el interés del gobierno el que prevalece. Para un tratamiento ampliado, véase Rafael Hernández: "La bola de cristal fracturada", en *Juventud Rebelde*, 2 de octubre de 1994.

la región, a pesar de la aguda crisis económica por la que atraviesa.[10] En cambio, la lógica norteamericana de aumentar las presiones, estrechar el bloqueo y promover el aislamiento, ha contradicho su supuesta preocupación ante el surgimiento de una crisis inmanejable en la Isla.[11]

A diferencia de las anteriores, esta última paradoja constituye una mezcla de conducta atávica y de elementos típicos de la posguerra fría; es decir, el repunte, por un lado, del impulso intervencionista propio del unipolarismo militar, y, por otro lado, de la preocupación por una multiplicación de conflictos donde ese impulso puede entramparse fácilmente.

Quizás Cuba se pudiera convertir para los Estados Unidos en un país más del Caribe.[12] Sin embargo, esta

10 Los disturbios del 5 de agosto de 1994, la serie de secuestros de embarcaciones y, en general, los acontecimientos que condujeron a la crisis migratoria reflejan esta problemática. La manera en que el gobierno cubano logró controlar la situación interna, sin operaciones de represión policial significativas, y al mismo tiempo, pudo colocar a los Estados Unidos ante una opción negociadora como única variante para resolver la crisis, refuerza esta afirmación.

11 El subsecretario de Estado Clifton Wharton reiteró esta fórmula contradictoria: "Nos oponemos a los intentos de producir cambios en Cuba a través de la violencia. Pero nuestra política –a través de la ley de Democracia Cubana– es rechazar el apoyo a la dictadura de Castro (...)". (Remarks of Clifton Wharton, Under secretary of State, before the Council of the Americas, May 3, 1993, p. 8). Para un examen analítico de esta preocupación, véase Edward González y David Ronfeldt: *Cuba Adrift in a Postcommunist World*, Rand, Prepared for the Under Secretary of Defense for Policy, diciembre de 1992. Una expresión política concreta de este cambio se expresó en Lee Hamilton y Claiborne Pell: "The Embargo Must Go", *The Washington Post*, jueves 8 de septiembre, 1994.

12 Jorge Domínguez afirma que "la política exterior de Cuba en la actualidad no es tan diferente de la de otros países caribeños" ("Cuba

mutación no anuncia por sí misma un cambio sustancial de los factores de riesgo. No debe olvidarse que, geopolíticamente, los países de la Cuenca del Caribe gozan de una posición paradójica: los Estados Unidos no les concede mucha importancia, pero éstos pueden adquirirla inesperadamente si estalla una crisis. Los casos de la intervención en Haití y de la crisis migratoria cubana demuestran que, en especial para la subregión, el peso del ingrediente geopolítico, en vez de desvanecerse, parece renovarse en el mundo de la posguerra fría.

La seguridad cubana en la posguerra fría

Las principales cuestiones de la política cubana de seguridad en esta etapa han sido el resultado de una combinación de efectos, entre las políticas cubanas previas y las nuevas circunstancias internacionales. Examinémoslos sumariamente.

- La *percepción de inseguridad nacional*. Este es el efecto de dos causas principales. En primer lugar, la crisis económica, resultado del derrumbe de las relaciones con el campo socialista desde 1990 y de los problemas del modelo económico cubano que empezaron a manifestarse agudamente en la segunda mitad de los años 80. El impacto de esta situación no sólo sobre los sectores productivos de la economía, sino sobre otros asuntos como la salud,

---

in a New World", CFIA, January 11, 1993, manuscrito, p. 1). Sin embargo, la dinámica en la política de Estados Unidos hacia Cuba parece seguirle otorgando una relevancia particular.

la educación, los servicios, la información, y su efecto sobre el nivel de vida acumulado de los cubanos, ha creado un estado de tensionamiento social, impredecibilidad y sensibilidad acrecentada ante los contingencias, tanto externas, como internas, que tiene ribetes de emergencia nacional. En segundo lugar, la continuidad y, en ciertos asuntos, el recrudecimiento de la política clásica de los Estados Unidos contra Cuba, combinado con los factores anteriores, incrementa la sensación de exposición, vulnerabilidad y desbalance estratégico, ante una renovada amenaza no sólo al orden económico o al régimen político, sino al sistema social del país.[13]

Esta percepción se agudiza con el asedio externo y conlleva no solo el mantenimiento de la preocupación por lo concerniente a la defensa nacional, sino por todo lo que pueda afectar la estabilidad del país, incluido el orden interior y la seguridad.

- El *reajuste económico del sistema de defensa militar*. Este reajuste puede considerarse la continuidad de una reforma en las concepciones estratégico-militares que empezó a desarrollarse desde principios de la década pasada, a partir de una redefinición de las relaciones de seguridad

13 Para una caracterización de la vulnerabilidad caribeña –análoga y, al mismo tiempo, diferente en muchos casos a la cubana– véase Jacqueline Anne Braveboy-Wagner: "Foreign and Domestic Priorities of Caribbean States in the Post Cold War Era", ponencia en ISA Annual Convention, March 23-27, 1993, Acapulco, pp. 2 y 3.

con la URSS,[14] del renovado desafío de los Estados Unidos y de una revaluación del sistema defensivo cubano.[15] El escenario actual, condicionado por el fin de los términos establecidos en la colaboración militar con la URSS y la abrupta contracción económica, se expresa en la valoración de que el país cuenta con unas Fuerzas Armadas que, después de su triunfo en el suroeste de África y del retiro de su papel militar en ese continente y en otras regiones, han resultado ser demasiado grandes y costosas para la economía. De esta manera, se han reducido las adquisiciones de armamentos, piezas de repuestos y equipos, a partir de 1990.[16] Este recorte ha afectado, en consecuencia, a las armas con un papel menor dentro del esquema de la (Guerra de Todo el Pueblo) GTP –es decir, la Fuerza Aérea y la Marina– y ha enfatizado el papel clásico del Ejército como columna vertebral del

14 Ver cita 4. Cuba fue informada por la URSS de que ésta no estaba en disposición de extender su supuesto paraguas defensivo sobre la Isla, ante las amenazas norteamericanas en 1981-1983. El gobierno soviético garantizó sólo el suministro de armamentos. Cfr. "Entrevista de Raúl Castro a *El Sol* de México (II Parte)", ob. cit.
15 Véase la explicación sobre la Guerra de Todo el Pueblo (GTP) en "Entrevista de Raúl a *El Sol* de México", *Granma*, 23 de abril de 1993, pp. 4 y 5. Esta nueva concepción estratégica puede considerarse como el primer paso en el proceso de reformas tendentes a desmarcarse del patrón soviético que se fue implementando en Cuba desde antes de 1986. La GTP se basó en la experiencia vietnamita, así como en las artes militares cubanas de la guerra irregular y en las campañas de África.
16 "Entrevista de Raúl Castro al periódico *El Sol* de México" (III Parte), en *Granma*, 22 de abril de 1993, p. 5.

sistema defensivo cubano. Adicionalmente, la reducción de la colaboración militar con Rusia planteó la salida de la brigada soviética,[17] cuyo papel simbólico era considerado –al parecer, con exceso– una señal del mantenimiento del compromiso soviético con la Isla desde 1962.

Este reajuste militar, obviamente, no está condicionado por ningún proceso de negociación internacional de Cuba, ni con los Estados Unidos ni con el sistema interamericano. No obstante, dada la importancia del dispositivo militar cubano en el contexto regional, este reajuste debe contabilizarse como un paso importante en la reducción del gasto militar y la transferencia de armamentos en el hemisferio.

• Un énfasis en *el planteamiento multilateral de los problemas de seguridad*. Esta posición puede considerarse como continuidad de una línea cubana anterior. En efecto, desde la Crisis de Octubre de 1962 hasta la negociación en el suroeste africano, Cuba ha recurrido a la ONU como el mecanismo idóneo para la solución de conflictos y legitimación de los acuerdos. Sin embargo, en el período reciente, Cuba ha introducido otros temas específicos de la seguridad nacional en los foros internacionales. La posición cubana preconiza la transparencia sobre transferencia y posesión de armamentos, sean estas temporales o indefini-

---

17 La brigada soviética se retiró oficialmente de Cuba el 15 de junio de 1993 (*Granma*, 16 de junio de 1993, p. 1).

das.[18] Esta postura refleja una disposición al diálogo internacional en materia de armamentos y seguridad, e implica la necesidad de crear marcos de confianza, proscribiendo al mismo tiempo los mercados ilegales de armas.

La lógica de la posición cubana, como en casos anteriores, ha sido buscar la sujeción a normas internacionales de todos los actores, como la vía para restaurar una simetría que aparece continuamente cuestionada por el desbalance de poderes.

Pasemos a considerar a continuación los elementos de la agenda de seguridad cubana actual. Esta se compone de un grupo de temas específicos, que afectan las relaciones exteriores cubanas a nivel global y, en particular, con el hesmiferio.

- *Control y reducción de armamentos. La cuestión nuclear*. Lo que se ha señalado arriba acerca de la disposición cubana a la transparencia en materia de transferencia y control de armas atañe de manera directa al tema del control de armamentos. Un capítulo especial es la posición ante la proliferación nuclear. Desde 1991 la posición cubana en cuanto al Tratado de Tlatelolco ha sufrido una modificación significativa. Clásicamente, la postura cubana se había fundamentado en el desenlace asimétrico de la Crisis de Octubre de 1962, cuando

18 Ver: "Cuba: transparencia en materia de transferencia de armas", Conferencia de Desarme, ONU, 21 de julio de 1992, documento del MINREX de Cuba, citado por Isabel Jaramillo en "La Cuenca del Caribe y la seguridad en los 90s", ponencia al Taller "La nueva agenda de seguridad del Caribe", INVESP, Caracas, 15 y 16 de setiembre de 1991; así como la propia entrevista de Raúl Castro ya citada.

las dos superpotencias se habían puesto de acuerdo en términos que dejaban al margen al gobierno cubano.[19] Siendo la única nación de esta región que ha sido directamente amenazada por una superpotencia que posee armas nucleares, Cuba había considerado siempre injusto renunciar a poseerlas. De hecho, Tlatelolco no impide que los Estados Unidos coloque temporalmente armas nucleares en el propio territorio cubano, cada vez que un portaviones estratégico toca la Base Naval de Guantánamo. Sin embargo, desde la Cumbre de Guadalajara en 1991, Cuba ha expresado su disposición a incorporarse al Tratado en la medida en que todos los latinoamericanos se sumen; es decir, que ha cambiado su posición respondiendo a la lógica de la reinserción regional. En los foros multilaterales Cuba se ha opuesto al mantenimiento de la doctrina de la disuasión nuclear como un recurso válido para preservar la seguridad internacional.

- *Narcotráfico.* Por su posición geográfica, Cuba se encuentra en las principales rutas del tráfico de drogas desde el sur hacia su principal mercado mundial. Aunque el narcotráfico no le plantea un problema de seguridad,[20] como sí es el caso de la mayoría de los países del Caribe, su política ha sido la de vigilarlo y perseguirlo en sus aguas

19 Sobre la posición cubana en la Crisis de Octubre, véase Rafael Hernandez: "Treinta días: la Crisis de Octubre", artículo citado.
20 Para una discusión del problema de seguridad que plantea el narcotráfico y las diferentes visiones entre los Estados Unidos y América Latina véase Guadalupe González: *El narcotráfico como un problema de seguridad nacional*, Documento de trabajo no. 2, Comisión Sudamericana de Paz, Buenos Aires, 1989.

aledañas. En varias oportunidades, Cuba ha ofrecido colaboración al gobierno de los Estados Unidos en este campo, sin conseguir un acuerdo. La política norteamericana en este asunto se ha limitado a pedir cooperación al gobierno cubano en situaciones operativas puntuales, y se ha abstenido de compartir con éste la información necesaria para poder actuar en conjunto en la intercepción de los narcotraficantes.

Cuba comparte con otros países del Caribe esa disposición a cooperar con los Estados Unidos, así como la frustración ante la negativa de éstos a compartir información acerca de este problema. Paradójicamente, el narcotráfico resultaría uno de los asuntos principales en torno a los que Cuba y los Estados Unidos podrían avanzar en materia de entendimiento y cooperación, junto a la protección del medio ambiente y la migración.

* *Migración*. La crisis migratoria de agosto de 1994-mayo de 1995 revela que sólo cuando esta se percibió como tal, es decir, como un problema para la seguridad nacional –en el código militar, *una amenaza* al flanco sur de los Estados Unidos– fue que se desencadenó un proceso de toma de decisiones políticas que condujo al ciclo de conversaciones migratorias, a partir de septiembre de 1994. El tratamiento otorgado por los Estados Unidos a los migrantes ilegales cubanos –su reclusión en la Base Naval de Guantánamo– también reveló el predominio de mecanismos estratégico-militares, y el prisma con que se sigue percibiendo a Cuba –como se indicó más arriba–, a pesar del fin de la guerra fría.

El problema migratorio afecta la seguridad cubana en la medida en que, a pesar de la existencia de acuerdos en 1965, 1984 y, recientemente, en septiembre de 1994 y mayo de 1995, que han avanzado en normalizar la migración entre Cuba y los Estados Unidos, todavía se mantiene una situación anormal. Aunque el acuerdo del 2 de mayo de 1995 parece haber puesto fin al grueso de la migración ilegal, hay tópicos no resueltos entre los dos países.

Entre las anormalidades que se mantienen están, entre otras:

- Las que se derivan de la *Cuban Adjustemnt Act* de 1966, que ampara a los cubanos que visitan temporalmente los Estados Unidos o que ingresan por vía de un tercer país, para ser elegibles como refugiados;
- la débil aplicación de la ley en el caso de personas que secuestran naves cubanas para migrar a los Estados Unidos;
- la inexistencia de un acuerdo de extradición entre los dos países, lo que permite la presunción de que se puede contar con una especie de santuario no solo migratorio sino penal, para los que se escapan hacia el otro país después de haber cometido delitos en el suyo –o la reclusión indefinida de los llamados excluibles, personas que han cometido delitos en los Estados Unidos y no pueden ser deportados a Cuba–;
- el mantenimiento de un clima de terror ideológico y agitación en los enclaves cubano-americanos –especialmente, Miami y Union City– que están en contradicción directa con los nuevos acuerdos.

El otro problema migratorio que confronta Cuba se relaciona con su vecindad con Haití. Los migrantes haitianos en viaje hacia los Estados Unidos suelen confrontar problemas ante las costas cubanas, y terminan siendo albergados en Cuba temporalmente. El gobierno de la Isla ha recibido el apoyo de Naciones Unidas para la atención de estos migrantes temporales, cuyo destino sigue siendo los Estados Unidos.

A partir de la crisis política haitiana, y como resultado de la política norteamericana de intercepción adelantada del éxodo de ilegales, la Base Naval de Guantánamo, en territorio cubano, se había convertido ya en un sitio de hospedaje para estos ilegales, y de hecho ha terminado siendo un reclusorio indefinido para enfermos de SIDA, cuyo ingreso en los Estados Unidos se deniega. Cuba comparte con otros países del hemisferio la preocupación humanitaria por el problema de los migrantes haitianos. Sin embargo, igual que la mayoría de los países del hemisferio, y especialmente de la subregión, carece de recursos económicos para enfrentar la raíz de la crisis haitiana. La intervención militar de los Estados Unidos a setenta y siete kilómetros de las costas cubanas refuerza la visión de la Isla acerca de la falta de recursos políticos de la Administración norteamericana en relación con las crisis en el Caribe.

La posición cubana: implicaciones para la seguridad interamericana

Cuba ha afectado la seguridad interamericana de dos maneras: como objeto –el "peligro cubano"– y como sujeto –un Estado que ha tenido que enfrentar problemas de seguridad inusuales–. En varios tópicos específicos la cuestión cubana se entrelaza directamente con los problemas de seguridad hemisférica.

Acuerdos de seguridad colectiva

Se reconoce que el conflicto Estados Unidos-Cuba es parte integrante de la agenda de seguridad en el área del Caribe, y en general, en el hemisferio.[21] Esto tiene implicaciones para la redefinición de los acuerdos de seguridad colectiva. ¿Se definen éstos de manera que Cuba pueda reintegrarse al sistema? ¿O, por el contrario, quedan formulados de manera que el régimen cubano resulte incompatible con las premisas ideológicas o los estándares políticos supuestamente "prevalecientes"? Es obvio que la mayor o menor flexibilidad de principios que gobiernen estos acuerdos es una norma que no afectará sólo a Cuba, sino en general al mayor o menor pluralismo del sistema interamericano.

Operaciones internacionales para el mantenimiento de la paz

Varias fuerzas armadas en el hemisferio han estado participando directamente en las operaciones de mantenimiento de la paz, en lugares tan disímiles como Centroamérica, Bosnia, Angola o Chipre. Según algunas de estas experiencias, las Fuerzas Armadas latinoamericanas han estado desempeñando un papel inusual, ya que

21 Véanse ponencias presentadas en el taller The Future of the Inter-American Security System, College Militaire Royal de St Jean, Canadá, 6-7 de mayo de 1993.

no se trata de enfrentar a un enemigo definido en términos ideológicos –como por ejemplo, la guerrilla– sino de mantener la paz. Este proceso de uso pacífico (y educativo) de las Fuerzas Armadas no ha dejado de presentar conflictos para algunos militares latinoamericanos.[22] Cuba nunca ha participado en operaciones similares, sin embargo, su experiencia en campañas como la de Angola, Etiopía, Nicaragua y otros países, han dotado a las Fuerzas Armadas cubanas de una experiencia potencialmente aprovechable con fines de auténtica contribución a la paz. El papel pacífico de las Fuerzas Armadas sería un tema de interés para Cuba, siempre que no se trate de situaciones en que se soslaye el principio de soberanía o se releguen los medios diplomáticos para la solución de los conflictos.

Premisas para un nuevo sistema interamericano de seguridad

En efecto, la cuestión cubana suscita el tema del pluralismo. Cuba sostiene la necesidad de respetar la diversidad de sistemas políticos como un principio de la coexistencia pacífica en la región. En una parte del mundo como la cuenca caribeña, con regímenes políticos, liderazgos y situaciones de soberanía tan diferentes como Antigua y Panamá, Belice y República Dominicana, Puerto Rico y Cuba, Trinidad y Tobago y Martinica, ésta parecería ser una premisa para cualquier tipo de esquema de cooperación internacional.

22 Véase la intervención del coronel canadiense Peter Nielsen, sobre sus experiencias en las fuerzas de mantenimiento de la paz, en el seminario The Future of the Inter-American Security System.

En segundo lugar, se plantea la necesidad de considerar los problemas del *desarrollo económico y social* y de la *integración* como factores que afectan directamente la seguridad nacional de los países de América Latina y el Caribe.[23] De hecho, la mayoría de los focos crónicos de inseguridad en la región (Haití, Perú) y de situaciones de inestabilidad emergentes (Venezuela, Chiapas) son el resultado directo de crisis económicas y problemas sociales, así como de los llamados "programas de ajustes". La necesidad de que la subregión caribeña funcione con el mercado mundial no significa que los problemas sociales que generan inestabilidad puedan quedar automáticamente resueltos en esa integración. Antes bien, la lección de los países del Este apunta a evitar abruptas integraciones que creen escenarios de inestabilidad.

Por otra parte, no es apropiado limitarse a una definición militar de la seguridad, cuando está claro, incluso para las propias Fuerzas Armadas, que la intervención militar no es una solución, ante problemas cuyo origen está en la estructura social polarizada de una economía insuficiente.

Del punto anterior se deriva que el problema de la *estabilidad política*, amenazada por las deterioradas condiciones económicas, constituye un tema prioritario para la agenda de seguridad interamericana. También para Cuba, en un sentido específico, las condiciones del *período especial* requieren previsiones que excluyan una situación de inestabilidad política interna. En la

23 Véase Andrés Serbín: "Documento Preliminar" en seminario La nueva agenda de seguridad en el Caribe ante los cambios globales, Washington, 16 y 17 de noviembre de 1992, puntos 1 y 3.

subregión, la continuación de la crisis haitiana o el empeoramiento de las condiciones económicas de vecinos muy cercanos como República Dominicana y Jamaica, también constituyen para Cuba motivos de previsión ante posibles contingencias que afecten la seguridad en el área.

Una reinserción afirmativa

El fin de las operaciones militares cubanas allende los mares, la reducción de la colaboración militar con la URSS y el reajuste económico –al margen de las relaciones con los Estados Unidos o el contexto interamericano– han redefinido el peso del componente estratégico-militar en la política exterior cubana en la posguerra fría.

Esta tendencia manifiesta en los últimos años, en especial desde 1990, no ha logrado, sin embargo, una distensión con los Estados Unidos. En consecuencia, la inalterabilidad del factor norteamericano ha dificultado e incluso bloqueado un mayor acercamiento entre Cuba y el entorno caribeño en el plano de la seguridad.

Una interpretación de la posición cubana ante los mecanismos multilaterales podría arrojar un balance de reafirmaciones y prevenciones. Por un lado, Cuba ha enfatizado una política de suscripcion de medidas y acuerdos tendentes a reducir la proliferación de armamentos convencionales y nucleares, y darle mayor peso a los mecanismos multilaterales en el control de armas. Por otro, Cuba advierte, con recelo y preocupación, un desbalance de posiciones en organismos como la ONU, tendente a facilitar y legitimar el uso de la fuerza como medio válido y más expedito para resolver no sólo los conflictos internacionales, sino los domésticos. En general, el actual sistema internacional carece de mecanismos, basados en una interpretación inequívoca del derecho internacional, que equilibren las asimetrías entre estados como los del Caribe y poderosos vecinos como los Estados Unidos.

Los pasos unilateralmente adoptados por Cuba en materia de seguridad, junto a otros expresamente dirigidos al entendimiento con la región, crean un marco propicio para la reinserción cubana en el hemisferio de un modo progresivo y afirmativo, es decir, sin renunciar a su proyecto de beneficios sociales, lo que si bien constituye un desafío, al mismo tiempo es una política aconsejable para preservar la estabilidad del país.

Esta reinserción afirmativa se vería favorecida, entre otros recursos, por la activación de mecanismos de confianza mutua. La cooperación en el terreno de la seguridad entre Cuba y los países del Caribe permitiría colaborar en problemas como los mencionados arriba, y en otros tales como:

- Protección de la seguridad aérea y marítima; *e.g.*, salvamento de migrantes ilegales, prevención de la piratería y el secuestro de naves y otros;
- vigilancia e intercepción del narcotráfico;
- protección preventiva contra desastres naturales, como los huracanes;
- control del medio ambiente, en particular referido a depósito de sustancias tóxicas en aguas caribeñas, manipulación de medios nucleares, prevención contra epidemias y otros.

Cuba mantiene particularmente buenas relaciones económicas y diplomáticas con potencias medias del hemisferio, que poseen explícitos intereses en el Caribe, como Venezuela, México y Canadá.[24] Estas relaciones también pueden contribuir a identificar bases comunes para un acercamiento entre los países caribeños, a cuyo contexto Cuba pertenece de forma inalienable.

La reinserción afirmativa de Cuba no debe verse, finalmente, como un juego de suma cero, sino como la apertura de nuevas oportunidades de colaboración, la multiplicación de contactos y, en general, la expansión de los vehículos formales e informales de integración. Este proceso no sólo afectaría las relaciones Cuba-Caribe, sino que podría repercutir beneficiosamente en las relaciones intracaribeñas en general.

Combinar de forma adecuada la cooperación, las medidas de confianza mutua,[25] el arreglo concertado de los problemas de seguridad internacional en el área, por un lado, con el estricto respeto al principio de soberanía y no intervención en los asuntos internos, por el otro,

24 Véase Roland Ely: "La presencia canadiense en la Cuenca del Caribe: los casos comparativos de Venezuela y Cuba", ponencia en XXXIV Reunión Anual de ISA, Acapulco, 23-27 de marzo, 1992; Andrés Serbín, "Paz y Cooperación en el Caribe", ponencia a Taller sobre Seguridad Hemisférica, Wilson Center, Washington, 16 y 17 de noviembre de 1992, p. 11. Esta convergencia cubana también incluye a países europeos, como España y Francia.

25 Para una visión desde la perspectiva de las fuerzas armadas cubanas, véase José Menéndez y Roberto García: "Medidas de confianza mutua en el Caribe", ponencia presentada en el Taller sobre Seguridad Hemisférica en la posguerra fría, auspiciado por el Centro de Estudios sobre América, FLACSO-Chile y el Woodrow Wilson Center, en *Paz y seguridad en las Américas*, no. 2, FLACSO, Santiago, abril de 1995, pp. 4 y 5.

puede permitir la edificación de un esquema consistente de relaciones intrarregionales.

Por medio de ese esquema nuevo de cooperación y relaciones emergente de la posguerra fría, se podría consolidar una estructura de paz que prevenga con mayor eficacia los nuevos peligros y amenazas a la estabilidad en el Caribe.

Aprendiendo de la guerra fría:
La política de los Estados Unidos
hacia Cuba y Viet Nam

Dos hitos de la guerra fría me impresionaron la primera vez que visité los Estados Unidos. Una es el muro de granito negro que rinde homenaje a las bajas de Viet Nam, en Washington. La otra es una larga fila de cajas con el marbete *Cuba*, en la sección de papeles de seguridad nacional de la Biblioteca Kennedy, en Boston.

Viet Nam y Cuba están encadenados en la memoria norteamericana por la frustración e intensidad que tuvieron en su momento para la conciencia política del país, si bien en niveles psicológicos y escalas sociales muy distintos.

Viet Nam despierta el recuerdo de la trágica guerra que le costara a los Estados Unidos 58 000 muertos, cuya experiencia directa sufrieron cerca de tres millones de norteamericanos que viven en la actualidad. Cuba no fue un trauma como Viet Nam para el pueblo norteamericano –aunque sí lo fue para la élite gobernante–. Si Viet Nam fue el foco de la seguridad nacional de los Estados Unidos en la segunda mitad de los años 60, Cuba fue la fijación de la primera mitad. Sesenta por ciento de los papeles de seguridad nacional de la Administración Kennedy tratan sobre Playa Girón, la Crisis de Octubre, el Plan Mangosta, las guerrillas cubanas en América Latina. Berlín, el otro tema de seguridad más importante después de Cuba, apenas ocupa la quinta parte de estos archivos. Este dudoso privilegio sólo se parece a lo que fue Viet Nam en las Administraciones Johnson y Nixon.

Cuba –como Viet Nam– presenta un desafío al análisis histórico. ¿Por qué los Estados Unidos han gastado tantos recursos y energías a lo largo de más de tres décadas en una islita de apenas 11 millones de habitantes, sin grandes recursos naturales, y tan cerca de los Estados Unidos que su aviación convencional podría atacarla en quince minutos? ¿Cómo se explica que esta política se haya mantenido por tanto tiempo sin un resultado sustancial en cuanto a los objetivos planteados, es decir, hacer inviable al régimen? ¿Qué impacto ha tenido esta política para los cubanos?

El presente capítulo se propone tratar estos problemas. Su premisa fundamental es que Viet Nam y Cuba han ocupado una posición especial en la política exterior y en la psicología política norteamericana. Asimismo, intenta extraer lecciones basadas en la comparación de cómo los dos países alcanzaron esa posición y de qué manera evolucionan en la actualidad.

La tesis que se discute consiste en que los dos países, Cuba y Viet Nam: a) son casos no resueltos de la guerra fría, b) se han mezclado históricamente con la política doméstica, c) son significativos para discutir la cuestión mayor de la redefinición de la política norteamericana en la posguerra fría, d) son casos pertinentes para discutir la medida en que prevalece el pragmatismo sobre la improductiva confrontación ideológica en la política exterior de los Estados Unidos.

Malentendidos de la guerra fría: las revoluciones en el Tercer Mundo a través del cristal soviético

En su ámbito más general, la política de los Estados Unidos hacia Cuba puede explicarse por los presupuestos de la Doctrina Monroe, por la guerra fría y, en especial, por los doscientos años de influencia norteamericana en el destino económico, político y cultural de la Isla. Ningún acontecimiento desde la Revolución Mexicana había planteado un desafío ideológico y político a los Estados Unidos en su propio traspatio antes de 1959 como lo hizo la Revolución Cubana. Como en México durante el período revolucionario, las masas populares cubanas se lanzaron a conseguir el cambio social otras veces pospuesto, el gobierno nacionalizó tierras y minas extranjeras, enarboló un nacionalismo radical y desafió al imperio norteamericano, incluso con consignas marxistas. A diferencia de México, Cuba se rebeló contra los Estados Unidos en el apogeo de su poderío en Occidente, aceptó la alternativa imperiosa de aliarse con la URSS y se propuso convertir a los Andes en la Sierra Maestra de América Latina.

Igual que Viet Nam, el impulso cubano estaba cargado de cien años de nacionalismo frustrado. A diferencia de Viet Nam, en Cuba el nacionalismo revolucionario no estaba dirigido por los comunistas. Los marxistas cubanos, como en México, participaron en la revolución y alcanzaron influencia en el gobierno. Pero fue el discurso nacionalista revolucionario, predominante en 1959-1960 –y no el lenguaje del marxismo convencional soviético– el que causó la reacción anti-comunista de los Estados Unidos.

Si la Revolución Cubana se radicalizó y llegó a absorber la ideología del marxismo-leninismo, ello se debió más al impulso del nacionalismo revolucionario, de profunda raíz en las luchas populares desde las guerras de independencia, que a la influencia de las tendencias comunistas históricas. Fidel Castro –carismático como otros líderes revolucionarios latinoamericanos, y a semejanza de Ho Chi Minh– logró construir un discurso político donde se fundieron el nacionalismo revolucionario antimperialista y un marxismo no convencional rápidamente asimilado por el pueblo; consiguió fraguar un bloque político basado en alianzas de amplia base, cuyo liderazgo –después de abril de 1958– tuvo un gran apoyo de la mayoría de los cubanos.

A cuatro meses del triunfo revolucionario, cuando los soviéticos se preguntaban quién era aquel líder barbudo, Richard Nixon salía de una conversación con Fidel Castro comentando que debía ser "ingenuo o comunista". A diferencia de Ho Chi Minh, afiliado al Partido Comunista Francés desde 1920, Fidel Castro y sus colaboradores provenían del ala radical del Partido Ortodoxo, cuyo programa no era muy diferente del de líderes populistas como Lázaro Cárdenas o Jacobo Arbenz. A reserva de si era un marxista "oculto" o no, el hecho es que su política no se orientó inicialmente a una alianza con la URSS; y que cuando los Estados Unidos se negaron a venderle armas, trató de conseguirlas en Bélgica y Gran Bretaña antes de que los soviéticos le ofrecieran suministrárselas. Cuando los Estados Unidos se decidieron a apoyar a los franceses y a relevarlos luego en su papel en Indochina, sabían que el Viet Minh estaba dirigido por comunistas amigos de la URSS y China; cuando Eisenhower aprobó el plan de Playa

Girón, en marzo de 1960 los soviéticos no soñaban siquiera con colocar algún día misiles nucleares en la Isla.

La contención del comunismo y la URSS era la fuerza motriz detrás de la política exterior norteamericana en la posguerra. La contención se había iniciado en Asia con la Guerra de Corea. Esa intervención cambió la visión norteamericana de China y la propagación del comunismo, llevándola al apoyo abierto de los franceses en su guerra colonial en Indochina. En América Latina, la contención se inauguró con la intervención contra el régimen moderadamente reformista de Jacobo Arbenz. También esa intervención respondió al mismo síndrome de guerra fría que determinaría la política norteamericana hacia Cuba en 1959, y fue el modelo para el plan de Playa Girón. Esas políticas conducirían a los Estados Unidos a famosos desastres, al margen de su conflicto con la URSS.

Apenas tres años después de la Crisis de Octubre de 1962, en 1965, cuando las tropas norteamericanas desembarcaron en Danang, los Estados Unidos asumieron que los soviéticos lo pensarían bien antes de escalar su alianza con la República Democrática de Viet Nam al nivel nuclear. De hecho, los Estados Unidos pensaron que su resolución en Viet Nam daría una lección a los soviéticos y "otros aventureros como Fidel Castro".

A reserva de lo que los Estados Unidos creían en la segunda mitad de la década de los 60, tampoco el apoyo soviético, ni mucho menos chino, se encontraba detrás de las operaciones cubanas en América Latina o en África. En 1968, el año en que la masividad de la intervención militar de los Estados Unidos en Viet Nam llegaba a su clímax, las relaciones de las dos potencias socialistas con Cuba eran algo menos que cálidas. En aquel año, mientras los Estados Unidos se empeñaban en evitar que la "pérdida" de Viet Nam desencadenara el conocido efecto de dominó en el sudeste asiático, era ya evidente que "otras Cubas" no estaban a la vuelta de la esquina en América Latina.

El impacto de la Revolución Cubana en el hemisferio se sobrestimó. No hubo ningun efecto de dominó que acabara con las democracias –o más bien sí lo hubo, pero no fue causado por las guerrillas procubanas, sino por las dictaduras militares–. La contrainsurgencia venció, pero la Alianza para el Progreso perdió el camino. Al cabo, hasta entre las filas de los propios militares surgieron respuestas nacionalistas a la situación económica y social. Cuba perdió la guerra de guerrillas en los años 60, pero ganó la paz, al quebrarse el aislamiento latinoamericano y salir adelante con un programa de desarrollo social y cambios estructurales que han sido la envidia de los países más avanzados de la región. Cuba se reencontró con América Latina, porque los gobiernos, tanto dictaduras, como democracias, dejaron de temerle. Lo paradójico es que, sin haber triunfado la guerrilla, Cuba es hoy más importante en el hemisferio que lo que jamás fue antes de 1959. El liderazgo cubano, independientemente de los gustos ideológicos, convirtió a Cuba no sólo en uno de los actores latinoamericanos más sobresalientes, sino en un país con una política exterior global y uno de los líderes del Tercer Mundo en los años 70.

Sin embargo, la percepción norteamericana acerca de Cuba en los años post-Viet Nam nunca abandonó los lentes soviéticos.

La seguridad nacional de los Estados Unidos y de Cuba: ciertas paradojas

La "pérdida" de la "llave del Golfo de México" no puso nunca realmente en peligro las líneas de comunicación marítima de los Estados Unidos por el Caribe, ni esparció un reguero de revoluciones por las Antillas. Ni Haití, ni Jamaica ni México –los países de la región más cercanos a Cuba– fueron jamás invadidos o amenazados por un contingente de revolucionarios cubanos. A pesar de los temores de los planificadores militares del Pentágono, ni el petróleo ni los minerales estratégicos que son transportados hacia los Estados Unidos mediante el Canal de Panamá o el Caribe requirieron nunca una protección especial ante la "amenaza cubana".

Sin embargo, el entorno geopolítico desempeñó un papel clave en la definición del conflicto con Cuba. A diferencia de Viet Nam, la Isla no está a 20 000 kilómetros de las costas de los Estados Unidos ni en la frontera de una potencia socialista. El confinamiento político y económico impuesto a Cuba en los años 60 por los Estados Unidos y por el sistema interamericano sólo reforzó la objetiva situación de aislamiento ideológico y geopolítico en que se encontraba el régimen socialista cubano dentro del hemisferio occidental. El castigo a la Isla era una manera de disuadir a otros a que tomaran el camino cubano. Excluida del sistema interamericano, Cuba se sentía libre de responder de la misma manera identificándose con casi todos los revolucionarios en la región.

La política de escalada aplicada contra Cuba entre 1959 y 1962 tuvo consecuencias altamente peligrosas. Las presiones diplomáticas, el bloqueo económico, el aislamiento regional, la propaganda, las acciones encubiertas se fueron intensificando hasta que en octubre de 1962 se llegara al umbral mismo de una invasión.

La reacción apocalíptica ante los misiles soviéticos en octubre de 1962 era ante todo un exabrupto político, que les imputaba la profanación de la Doctrina Monroe; no era un gesto militar dictado por el instinto de conservación, sino una expresión de escándalo ante la intrusión soviética en una "zona de interés vital" de los Estados Unidos.

Los soviéticos tuvieron que comprometerse a no reintroducir cohetes en Cuba –a cambio de la promesa norteamericana de no invasión–. Difícilmente se atreverían a ofrecérselos posteriormente a Viet Nam u otro país del Tercer Mundo. Pero la URSS –y también China– seguían representando un poder disuasivo para la espiral de la intervención norteamericana en el sudeste asiático. Por eso, a pesar de que la estrategia militar de Johnson y McNamara hacia Viet Nam se basaba en la lógica lineal de la escalada irresistible –tronchada en el caso cubano por la fuerza mayor del horror nuclear– sus acciones reales se insertaban en la doctrina de la guerra limitada.

Algunos historiadores consideran que el peligro directo para Cuba no cesó realmente por obra y gracia del compromiso Kennedy-Jrushov, sino por una cadena de otros factores objetivos –entre ellos, el propio compromiso norteamericano en el sudeste asiático–. Fidel Castro juzgaba que los vietnamitas libraban la guerra del Tercer Mundo contra los Estados Unidos, ahorrándoles a otros países el dolor y el enorme costo humano y material –ya que Viet Nam debilitaba significativamente su capacidad de intervención en gran escala–. Después de la invasión a República Dominicana en 1965, los Estados Unidos no volverían a desembarcar en un país de la Cuenca del Caribe hasta dieciocho años después, con la descomunal expedición sobre la isla de Granada en 1983. Incluso algunos –como Che Guevara– pensaban que la capacidad de ataque de los Estados Unidos quedaría exhausta con "dos o tres Viet Nams" –un análisis que evoca el principio estratégico de la guerra de Liliputt contra Gulliver.

Así como se ha exagerado el papel de la oposición antibelicista y de los medios de difusión entre las causas de la derrota en Viet Nam, se tiende a sobrestimar el peso del entendimiento Kennedy-Jrushov en el caso de Cuba. Si Estados Unidos no fue capaz de intervenir en Cuba en los años posteriores a octubre de 1962, esto se debió, además del desgaste de la guerra de Viet Nam, a la propia capacidad del gobierno cubano para hacer que el costo político y militar de una invasión fuera demasiado alto. Si las Administraciones norteamericanas posteriores a Kennedy se han abstenido de invadir a Cuba, no se debe únicamente a la existencia de un entendimiento, sino al alto costo de una intervención directa con tropas.

El legado de la Crisis de Octubre tiene para Cuba un significado trascendental, que rebasa la guerra fría. La mayoría de los cubanos no piensan hoy que los Estados Unidos están decididos a invadir la Isla. Pero no estarían tan seguros de qué podrían esperar si los Estados Unidos creyeran, por ejemplo, que se estaba gestando una situación de inestabilidad en Cuba. Cualquier despliegue de tropas norteamericanas en el exterior –independientemente de si fuera con el propósito de "hacer la paz" o de "mantener la paz", de "atormentar el desierto" o de "restaurar esperanzas"– se percibe en Cuba como una reafirmación del uso de la fuerza militar en las relaciones internacionales. Y plantea el problema del uso de la fuerza en un "Nuevo Orden Mundial", que no es, por cierto, más seguro para Cuba.

Si una Administración norteamericana se colocara momentáneamente en el pellejo de los cubanos –cosa muy improbable– se daría cuenta de que en la medida en que las misiones militares en el Caribe no han cambiado dramáticamente con el fin de la guerra fría, los planificadores estratégicos cubanos no pueden percibir en sus radares ninguna razón para pensar que sus preocupaciones sobre la seguridad nacional resultan mera paranoia. En efecto, las preocupaciones geopolíticas no se han desvanecido en el mundo de la posguerra fría.

La política doméstica como racionalidad

Así como todas las Administraciones desde Truman hasta Johnson pensaron que la pérdida de Viet Nam tendría consecuencias políticas domésticas desastrosas, los líderes políticos norteamericanos desde Nixon y Kennedy hasta Bush han lidiado con Cuba en función de preocupaciones electorales. Los factores domésticos tales como el miedo a ser tildado de "débil con el comunismo" han preocupado a los líderes norteamericanos con respecto a Cuba y a Viet Nam.

A diferencia de Viet Nam, Cuba no dividió a la opinión pública norteamericana. La simpatía inicial hacia la Revolución cedió rápidamente bajo el peso ominoso de la guerra fría. El sentimiento de rechazo sembrado contra Fidel Castro no cedió ni siquiera ante errores monumentales, como el de Bahía de Cochinos, u horrores como el del holocausto nuclear en 1962. El odio hacia el régimen cubano encerrado en el discurso de la guerra fría se mantiene intacto más de treinta años después; ni las dictaduras militares de Argentina o los escuadrones de la muerte de El Salvador lograron sobrepasarlo en las encuestas. Se trata de una costra endurecida por el tiempo en la percepción pública norteamericana –como la que existió durante más de veinte años sobre China–. Pero ya no es un factor de peso en la política doméstica, como en 1960; y mucho menos un componente del consenso.

El revisionismo sobre Viet Nam, igual que la crítica conservadora a la política cubana de Washington, atribuye a malas decisiones ligadas a la política doméstica, la ineficacia de su política. Los estrategas militares han criticado a los políticos la inconsecuencia en la aplicación de la estrategia de la escalada en Indochina. De la misma manera, los militares, la CIA y el exilio cubano criticaron a Kennedy por no haber garantizado el apoyo aéreo durante la invasión de Playa Girón o no haber lanzado el ataque quirúrgico contra las bases de misiles soviéticos en Cuba.

En términos simbólicos, el exilio cubano y la elite sudvietnamita desempeñaron un papel en la política norteamericana como fuente de legitimación y compromiso. Pero estas alianzas resultaron difíciles. En el afán de contener el comunismo y apoyar a sus aliados cubanos a toda costa, los Estados Unidos se encontraron alineados con el régimen de Batista, la ultraderecha cubana, las bandas contrarrevolucionarias alzadas en las montañas de la Isla, los grupos terroristas de Miami, los regímenes militares latinoamericanos e, incluso, hasta la mafia.

Los Estados Unidos nunca han comprendido a la elite sudvietnamita o al exilio cubano. La relación establecida con este último –que llegó a contar con cerca de 600 organizaciones en los años 60– estuvo en la base de fiascos como el de Playa Girón, en 1961, y en situaciones caóticas como el éxodo del Mariel, en 1980. Aun hoy interfiere en la adopción de una política racional de los Estados Unidos hacia Cuba, por medio de un entretejido de compromisos locales, de vínculos con organizaciones políticas norteamericanas y de conexiones personales que llegan hasta el Congreso.

Los Estados Unidos no tuvo una visión más clara de los contextos políticos domésticos de Cuba o de Viet Nam. En efecto, entre los factores que objetivamente enredaron las manos de Estados Unidos en Cuba y Viet Nam estuvo su escaso conocimiento de la situación política interna en los dos países. En Viet Nam del Sur, Estados Unidos trató de apuntalar un régimen incapaz de valerse por sí mismo en el terreno político y militar –como otras veces lograra con éxito en América Latina–. Como en el caso de Cuba, subestimó el apego vietnamita por la independencia nacional –el fanatismo, diría Kissinger–. La escalada contra Cuba y, en general, la aplicación de la regla de la hostilidad permanente produjo resultados iguales e inversos a los que se proponía, es decir, el apoyo creciente al régimen bajo la bandera de la nación amenazada.

Igual que en el caso vietnamita, el aliado de los Estados Unidos –el exilio cubano– es políticamente inviable en Cuba; así como en Viet Nam, el nacionalismo antimperialista cubano constituye una fuerza de unidad del pueblo superior a cualquier credo ideológico o filosófico. La fuerza de la unidad nacional y la debilidad política del exilio ha producido un desbalance estratégico de mayor peso que la superioridad tecnológica y cuantitativa del poder norteamericano.

A diferencia de Cuba, Viet Nam no era un país periférico del capitalismo avanzado; era en su mayor parte una sociedad tradicional, con componentes tan extraños a la cultura occidental como el budismo, el confucianismo, la presencia de etnias separadas geográfica y lingüísticamente, el predominio de la vida rural y la reproducción simple. Los *nation-builders* norteamericanos supuestamente querían modernizar esa sociedad, a fin de proporcionarle los beneficios de la economía trasnacional, la democracia liberal, la organización urbana y el pluralismo ideológico. En Cuba la fórmula de la modernidad ya se había mostrado insuficiente para promover un régimen autosostenido –a pesar de que la sociedad cubana era todo lo moderna y norteamericanizada que se le pudiera pedir a un país del Tercer Mundo–.

Los gobiernos sudvietnamitas fueron económicamente dependientes de los Estados Unidos, políticamente autoritarios, socialmente elitistas e ideológicamente ajenos al interés nacional –exactamente igual que los gobiernos cubanos prerrevolucionarios–. Si algo hubiera que añadir, es que el fracaso político de la modernización cubana en la década de los 50 tuvo consecuencias pálidas para los Estados Unidos en comparación con la catástrofe que le significó Viet Nam.

Bregar con (no precisamente entendiendo a) el enemigo

Producto de las tremendas pérdidas de la guerra y de la política doméstica, la memoria de Viet Nam también ha sido mayor que la de Cuba en el consenso sobre política exterior. Sin embargo, Cuba ha estado realmente más envuelta en otras crisis internacionales que el propio Viet Nam.

Los Estados Unidos temían verse implicados en otros Viet Nam si intervenían directamente en Angola o en Centroamérica. Cuba fue un actor principal durante más de diez años en el Cuerno Africano y durante casi quince años en el suroeste de África, colaborando con numerosos gobiernos de la región y con el Congreso Nacional Africano (ANC) en Sudáfrica y la SWAPO en Namibia. Cuba también fue un activo colaborador en el triunfo sandinista –convergiendo en este caso con otros gobiernos, como Venezuela, Costa Rica, Panamá y México–. Durante más de diez años participó en el conflicto centroamericano, a nivel de ayuda militar y especialmente en el terreno político. En ambos casos el gobierno cubano estaba respondiendo a alianzas políticas e ideológicas tejidas desde los años 60, como parte de una línea que muchos en la URSS habían identificado como "aventurerismo". Paradójicamente, en los Estados Unidos el papel de Cuba fue calificado inmediatamente como "apoderado" soviético, según el código simplista de la guerra fría –el mismo que antaño llamaba a Ho Chi Minh y al Vietcong "agentes de Moscú".

Un profesor de la Universidad Johns Hopkins de Washington me dijo una vez: ¿y a quién le importa en los Estados Unidos establecer esta "sutil diferencia" entre lo que Cuba hacía "por orden de la URSS" o lo que hacía por su propia cuenta, si al fin y al cabo lo que Cuba hacía objetivamente beneficiaba al Este de todas maneras? Parece que los sentimientos del Este sobre las revoluciones en el Tercer Mundo estaban más nítidamente definidos en Washington que en Moscú o Varsovia. Sin embargo, puede ser que este profesor tuviera razón en una cosa: ¿a quién le han importado "sutiles diferencias" en relación con Cuba? En otras palabras, ¿quién tiene un interés político especial en distinguir matices o motivaciones racionales y legítimas en la conducta de Fidel Castro? ¿A quién le interesa explicarse las decisiones cubanas a partir de su propia historia, cultura, tradiciones y valores nacionales? Es más fácil explicarse a Cuba como un caso para sovietólogos, no muy diferente de Hungría o Polonia.

Desde luego, no se trata de que falten argumentos para caracterizar las motivaciones y conductas cubanas, así como la evolución de su estrategia. La confrontación entre Cuba y los Estados Unidos en la arena del Tercer Mundo tuvo un dramático cambio de papeles en los años post-Viet Nam. Cuba estaba del lado de los gobiernos de Angola y de Nicaragua; los Estados Unidos del lado de las guerrillas de la UNITA y la contra. Resulta interesante considerar que a diferencia de los años 60, ni Angola ni Nicaragua deslegitimaron al gobierno cubano en las respectivas regiones o en el ámbito mundial. Al contrario, en este período la imagen de la Isla en los organismos internacionales y regionales, y en el Movimiento de Países No Alineados alcanzó su cénit.

Por otra parte, aun el mundo maniqueo del "imperio del mal" tenía más de un monstruo. Otros líderes de países del Tercer Mundo han llenado de preocupaciones a los Estados Unidos: Khomeini, Khadafi, Arafat, y más recientemente Noriega y Sadam Hussein han sido figuras mucho más controversiales en la comunidad internacional que Fidel Castro. Por cierto, que ninguno de ellos ha mantenido una convicción marxista-leninista, ni una alianza soviética como la de Cuba –lo cual no los ha hecho menos peligrosos para los Estados Unidos–. Pero esa aceptación de la comunidad internacional no ha hecho a Fidel Castro más aceptable para los Estados Unidos.

Por último, Cuba no ha sido un interlocutor reacio al diálogo bilateral –como algunos de los mencionados–. A diferencia de Viet Nam, el régimen cubano nunca ha solicitado tres mil millones de dólares por concepto de reparaciones a los Estados Unidos como una precondición para negociar, aunque el costo causado por el bloqueo y las operaciones encubiertas ha sido considerable. En 1989 la negociación del conflicto del suroeste de África demostró que la participación de Cuba como interlocutor era una vía más constructiva y eficaz para resolver el conflicto angolano-sudafricano y la independencia de Namibia que la prolongación de la guerra. A pesar de esta experiencia positiva, apoyada ampliamente en la ONU –y del éxito de otras negociaciones como el acuerdo migratorio bilateral– los Estados Unidos siguen tratando a La Habana en términos políticos y legales como a un enemigo.

¿Por qué las políticas hacia Cuba y Viet Nam parecen seguir hoy patrones tan diferentes?

Una respuesta podría ser que la existencia del grupo de presión cubano-americano establece la diferencia principal.

Comencemos por una precisión: comparar los papeles de los vietnamita-americanos y de los cubano-americanos en la política exterior de los Estados Unidos puede inducir a error. Los vietnamitas no se asentaron u organizaron de manera que les fuera posible actuar con más poder en la política local, como lo hicieron los cubanos. En general, no hay una política asiático-americana que pueda compararse al papel desempeñado por los latinos en algunas regiones de los Estados Unidos, y de manera particular por los cubano-americanos en el sur de la Florida. Sin embargo, esto no es necesariamente la diferencia clave entre Cuba y Viet Nam en términos de política exterior norteamericana. Se trata más bien de una cuestión de política étnica. En realidad, la mayor parte de los esfuerzos del grupo de presión cubano-americano tiene que ver más con la lucha por el control de la política local y el presupuesto público, que con la lucha contra el comunismo en Cuba. En otras palabras, se trata básicamente de dinámicas domésticas que simbólicamente apelan a intereses de la política exterior de los Estados Unidos.

Es cierto que el papel del grupo de presión conservador de los cubano-americanos ha sido acentuado últimamente como el factor más importante en la formación de la política de los Estados Unidos hacia Cuba. En realidad, no existe un agresivo grupo de presión vietnamita que luche por normalizar relaciones con Viet·Nam o por cualquier otro tema. Y también es un hecho que los exiliados cubanos han disfrutado de un acceso a las altas esferas del Departamento de Estado, la CIA y la Casa Blanca, desde los días de Playa Girón, las conspiraciones para asesinar a Fidel Castro y el Plan Mangosta. Finalmente, es evidente que estos nexos han sido particularmente favorecidos en los últimos años por las administraciones republicanas. Sin embargo, no está tan claro que este grupo de presión conservador sea el factor que dicta la presente política de los Estados Unidos hacia Cuba.

Para explicar las diferencias entre Cuba y Viet Nam en la actual política exterior de los Estados Unidos hay que comprender la contradictoria naturaleza de esa política y el contexto en el cual tiene lugar. Vamos a resumirla brevemente:

Primero, los intereses de los Estados Unidos en el Sudeste Asiático y la Cuenca del Pacífico tienen una significación global, que no alcanza América Latina o, todavía menos, el Caribe. Ejemplo demostrativo: los intereses económicos con Japón, los Tigres asiáticos e Indochina, comparados con el menor papel desempeñado por la región latinoamericana, con la excepción de México.

Segundo, lo que Viet Nam y Cuba puedan hacer para cambiar la política de los Estados Unidos, aunque importante, es menos determinante que lo que los Estados Unidos percibe como interés nacional. Al lanzar políticas que buscan atraer capital extranjero, ambos países abrieron las puertas para hacer que los grupos de interés económico pudieran promover cambios. Viet Nam ha tenido más éxito que Cuba por varias razones, incluyendo los grandes intereses corporativos en el Pacífico en comparación con los de la Cuenca del Caribe. De todas maneras, incluso sin haberse movido una pulgada las restricciones del bloqueo –más bien todo lo contrario–, la cantidad de empresas interesadas que han contactado con Cuba se ha incrementado notablemente en los últimos dos años. En la medida en que la política de los Estados Unidos envíe señales que la comunidad empresarial pueda leer como una tendencia menos rigurosa hacia Cuba, podrían surgir, en el sector de los negocios, grupos de presión más poderosos.

Tercero, geopolíticamente, los países de la Cuenca del Caribe tienen una especial capacidad para crear preocupación en los Estados Unidos, particularmente si estalla una crisis; esta capacidad de amenaza directa no la alcanzan los acontecimientos en el Sudeste asiático. Ejemplo demostrativo: las diferentes políticas y decisiones al tratar con los haitianos o los flujos de refugiados cubanos, comparado con el programa de salida ordenada y de asentamiento establecido en el sudeste de Asia para los vietnamitas.

Cuarto, en término de factores domésticos, los grupos de interés que promueven una nueva política hacia Viet Nam son efectivamente más fuertes que el grupo de presión cubano-americano. El primero ha podido hacer progresos a pesar del muy sensible tema de los "prisioneros de guerra y desaparecidos en acciones combativas", y en general contra la amargura acerca de Viet Nam que aún permanece en millones de ciudadanos norteamericanos; el segundo usa básicamente un patrón de más de tres décadas en la política de los Estados Unidos, un código de guerra fría acerca del "imperio del mal" muy popular en la última década, una simpatía ideológica

116

republicana y un mayor desinterés público en general por Cuba –así como también una población cubano-americana concentrada en el sur de la Florida que ha sido rehén de las relaciones Estados Unidos-Cuba durante muchos años–.

Quinto, los exiliados cubano-americanos, mucho más que los vietnamitas, han sido siempre una fuente de legitimidad para la política de los Estados Unidos, más que un obstáculo insalvable en el camino de las negociaciones con Cuba. De la misma manera, en la medida en que los Estados Unidos quisieran redefinir a Cuba como "menos" enemigo –como esta haciendo con Viet Nam–, el interés de los cubano-americanos puede ser también redefinido, para explicar por qué la política de los Estados Unidos debe cambiar, a fin de responder a las solicitudes de normalización de relaciones provenientes de otros sectores de esa misma comunidad.

La cuestión de lo que se percibe como *el interés nacional de los Estados Unidos* no es una consideración abstracta, sino más bien una cuestión de definición política. La Administración Reagan percibió como políticamente importante alcanzar un acuerdo en el suroeste de África, y establecer un mecanismo de control de la emigración para impedir otro éxodo como el Mariel. En ambos casos, el grupo de presión conservador cubano-americano se opuso fuertemente. Pero la Administración Reagan se dio cuenta de la necesidad de negociar directamente con Cuba para poder resolver esos problemas. De la misma manera, la Administración de los Estados Unidos debe prevenir las expediciones armadas, el secuestro de naves y otras violaciones de las leyes internacionales y norteamericanas, más allá de los sentimientos cubano-americanos.

Lo que se percibe como el excepcionalismo cubano-americano es un problema con el que la Administración de los Estados Unidos tiene que lidiar, en términos de su interés nacional, independientemente de Cuba. Ejemplo demostrativo: la manera en que los Estados Unidos tratan la migración ilegal cubana. Ello refleja una excepción legal hecha en 1966 por una administración demócrata que se sentía comprometida con la comunidad cubano-americana. Pero a los ojos de la opinión pública norteamericana y de los gobiernos latinoamericanos aparece como la capacidad del grupo de presión cubano-americano para manejar al gobierno de los Estados Unidos. Frecuentemente, esta antigualla legal crea incoherencia y se percibe como discriminación en el tratamiento de los Estados Unidos hacia otros migrantes caribeños y latinoamericanos.

Por último, el impacto más dramático de una nueva política de los Estados Unidos hacia Cuba sería precisamente en la conducta política de la comunidad cubano-americana. En la medida en que la política hacia Cuba cambie, esta comunidad puede ser capaz de expresar su diversidad real, confinada hoy dentro del prevaleciente patrón de la guerra fría.

¿Un espíritu pionero?

La retirada de Viet Nam de Kampuchea y su contribución a la restauración de la paz y la estabilidad política en ese país ha tenido un efecto positivo en las relaciones bilaterales con los Estados Unidos. En efecto, los esfuerzos para alcanzar un acuerdo en Kampuchea contribuyeron a mejorar las relaciones con Viet Nam. Esto no ha resultado igual en el caso de las relaciones Estados Unidos-Cuba. Angola, Etiopía, Nicaragua, El Salvador, la presencia militar soviética en Cuba –todos ellos considerados como principales obstáculos para mejorar las relaciones entre los dos países– han desaparecido. Sin embargo, el aislamiento, la coerción, y una retórica dura no han cedido en la política de los Estados Unidos hacia Cuba.

Más bien ha ocurrido lo contrario. Por ejemplo, la Enmienda Torricelli en 1992 estrechó el bloqueo norteamericano. Un método de negación total caracteriza a la política de los Estados Unidos hacia Cuba: obstrucción económica, aislamiento diplomático, satanización del régimen de La Habana, a pesar de la presencia del gobierno cubano en las Cumbres presidenciales de América Latina; mantenimiento de una cruzada iniciada en los años 60 para desestabilizar a Cuba, sin tomar en consideración que esto refuerza la mentalidad de fortaleza sitiada, lo que no favorece un mayor espacio para el debate interno en la Isla.

Como en el caso vietnamita, el entorno regional es muy favorable para una normalización de relaciones entre Cuba y los Estados Unidos. Progresivamente los países latinoamericanos han mejorado sus relaciones con Cuba, a pesar de sus diferencias ideológicas, desde principios de la década de los 70. A muchos de ellos no les gusta el régimen cubano, aunque les gustaría disfrutar del nivel de apoyo popular de Fidel Castro. Bajo flagrantes presiones, y por no votar contra los Estados Unidos en las Naciones Unidas o en la OEA, muchos de ellos no votan con Cuba; pero la mayoría reconoce la determinación de Cuba por la independencia y soberanía nacional. Critican a Cuba, acusándola de falta de libertad individual y reclaman un sistema multipartidista; pero advierten que la política de los Estados Unidos es contraria al libre comercio internacional, y ha sido contraproducente y lesiva de manera particular para el pueblo cubano. De forma definitiva, la política de los Estados Unidos no sigue un patrón multilateral hacia la Isla.

Cuba y Viet Nam comparten muchas similitudes, pero también tienen diferentes significados para los Estados Unidos. El síndrome de Viet Nam se ha enraizado profundamente en la psiquis norteamericana, quizás más que cualquier otro trauma desde la guerra civil. Esta experiencia se refleja en el tema de los "prisioneros de guerra y perdidos en acciones combativas", como una tendencia a sentimentalizar lo que Viet Nam significa para toda una generación, una mezcla de culpa y expiación, de frustración chovinista y patriotismo traicionado. En la imagen de Cuba no puede encontrarse algo similar –lo que podría ser una ventaja, pero paradójicamente resulta en realidad, una desventaja–. Cuba no puede sacar a la luz reliquias de los "prisioneros de guerra". Por otra parte, un realismo cínico puede plantear que los Estados Unidos no quieren nada en especial de Cuba hoy, excepto la rendición.

Pero la imagen de Cuba es, en otro sentido, un puro reflejo del pensamiento político americano, retado por un nuevo mundo que no es capaz de redefinir intelectualmente o reconstruir ideológicamente. Viejos conceptos como *estrategia de desgaste, aislamiento irresistible, contención* y muchos otros términos del repertorio de la cultura de las acciones encubiertas y el conflicto de baja intensidad han dado un aura de *déja vu* al tema de Cuba. Sin embargo, Cuba puede ser considerada un caso de estudio sobre la medida en que las preocupaciones multilaterales e internacionales pueden prevalecer sobre el unilateralismo e ideologización en la política exterior de los Estados Unidos. Esto podría tomar tiempo, ya que Cuba no está considerada una prioridad en la agenda de esta Administración.

Tiempo es lo que Cuba necesita para reconstruir su entorno económico y político. Como en el caso de Viet Nam, la peor variante para los Estados Unidos y la región no es la permanencia del régimen cubano, sino al contrario, la pérdida de su estabilidad política. Aunque en las circunstancias actuales no hay signos de inestabilidad en Cuba, la lógica norteamericana de aumentar las presiones, estrechar el bloqueo y aumentar el aislamiento, contradice su supuesta preocupación ante el surgimiento de una crisis inmanejable en la Isla. Por el contrario, mientras más estabilidad haya, será mejor para reconstruir una relación afectada por una larga historia de desconfianza, ignorancia y hostilidad.

El problema de la "solución del conflicto" entre los Estados Unidos y Cuba

En un artículo publicado en el número de invierno de 1991-1992, de *Foreign Affairs*, y que ha pasado notoriamente inadvertido para la mayoría de los expertos en problemas cubanos, el Secretario de Estado de los Estados Unidos expresó lo siguiente:

Como dijo nuestro presidente en la Universidad de Yale en junio, ninguna nación ha descubierto todavía un medio de importar las mercancías del mercado mundial y detener las ideas extranjeras en la frontera. Es nuestro interés que la próxima generación *cubana* esté incorporada a la Era de la Informática, no aislada de las tendencias globales que conforman el futuro (...). Resolver estas cuestiones sólo puede conseguirse a través de una política de compromiso activo (...). Nuestras experiencias trabajando conjuntamente con La Habana sobre el proceso de paz en el *suroeste de África* y las conversaciones acerca del *tema de la migración* sugieren que nuestro compromiso puede producir resultados. En resumen, tenemos que reconocer que *Cuba* está en un período de transición. Un régimen anacrónico nos ha alienado, tratando de reprimir un espíritu irreprimible. Un retorno a la confrontación no ayudará al pueblo de *Cuba* ni servirá a nuestro interés nacional.[1]

Esta cita es absolutamente exacta. Sólo he sustituido *China* (o *Beijing*) por Cuba (o *La Habana*), *Cambodia* y *península coreana* por *Suroeste africano* y *tema migratorio*. De manera que el discurso con que el Secretario de Estado de los Estados Unidos podría explicar a la opinión pública de su país y del mundo los fundamentos estratégicos de un restablecimiento de relaciones con Cuba ya fue pronunciado por la Administración Bush.

Sin embargo, casi una década después de la caída del muro de Berlín, el conflicto se ha mantenido prácticamente intacto. ¿Por qué?

La naturaleza del conflicto y las actitudes de los actores

Valores e intereses contrapuestos han estado siempre en la raíz de las principales cuestiones que han enfrentado

---

1 (...) As our president pointed out at Yale University in june, no nation has yet discovered a way to import the world's goods and services while stopping foreign ideas at the border. It is in our interest that the next generations in *Cuba* be engaged by the Information Age, not isolated form global trends shaping the future(...) Resolving these issues(...) can only be pursued through a policy of active engagement(...) Our experiences in working with *Havana* on the *South West African peace process and on the migration issue* suggest that our engagement can produce results. In sum we need to recognize that *Cuba* is in time of transition. An anachronistic regime has alienated us by lashing out, by seeking to repress an irrepressible spirit. A return to hostile confrontation will not help the people of *Cuba* nor serve our national interest. James Baker: "America in Asia: Emerging Architecture for a Pacific Community", *Foreign Affairs*, Winter 1991-1992, pp. 15 y 16.

a los Estados Unidos y Cuba. Estos valores e intereses se insertan en el contexto más general de las relaciones entre los Estados Unidos y América Latina.[2]

Según la geopolítica clásica norteamericana, ante países con valores opuestos a los Estados Unidos, estos sólo deben guiarse por sus intereses propios.[3] Desde su perspectiva, estos países atrasados no son capaces de desempeñar adecuadamente el papel de objetos de la dominación; por consiguiente, los Estados Unidos deben ejercer una llamada responsabilidad imperativa. En pocas palabras, su política no ha de basarse en el consenso de los dominados, sino, como diría Joseph Nye, en su deber como potencia *obligada a dirigir*.[4]

En la tradición del pensamiento político cubano, se ha percibido siempre la dualidad moral y política presente en la Doctrina Monroe, según la cual los Estados Unidos preservarían la libertad de América Latina ante las potencias extra-hemisféricas, al precio de la exclusividad sobre la región. Para cubanos como José Martí,[5] los valores e intereses norteamericanos son tan ajenos a los latinoamericanos como los de las potencias euro-

2 Véase Rafael Hernández: "Interest and Values in U.S.-Cuban Relations" en R. Hernández y J. Domínguez (ed.): *United States-Cuban Relations in the Nineties*, Westview Press, 1989.
3 Alfred T. Mahan: "The Relations of the United States to their New Dependencies", *Engineering Magazine*, January, 1899 en *Lessons of the War with Spain and Other Articles*, Little, Brown Co., 1899, pp. 243-247.
4 Joseph Nye: *Bound to Lead*, Praeger, 1991.
5 José Martí: "Congreso Internacional de Washington.(II)", *La Nación*, Buenos Aires, 20 de diciembre de 1899, en *Obras Completas*, t. 6, Editorial de Ciencias Sociales, La Habana, 1975, pp. 56-62.

peas. Y es contrario a los intereses y valores de los países latinoamericanos asociarse con los Estados Unidos en su discurso sobre la libertad, bajo el pretexto del progreso técnico y el financiamiento que supuestamente provendrían del Norte.

De este alineamiento de valores e intereses antagónicos, se derivan las siguientes preguntas: ¿Cuáles son los términos del conflicto entre Cuba y los Estados Unidos? ¿En qué medida es razonable, a la luz de las tendencias históricas y factores de poder en juego, una cierta solución del conflicto? ¿Qué límites se imponen a una perspectiva de cambio en las relaciones?

El impulso de los Estados Unidos

En términos generales, la política de los Estados Unidos hacia Cuba se explica por la Doctrina Monroe, la guerra fría y, de manera especial, los dos siglos de influencia norteamericana en el destino económico, político y cultural de la Isla. Los rasgos que la han caracterizado responden a intereses nacionales, alianzas, percepciones ideológicas e incidencia de las políticas domésticas.

Los Estados Unidos nunca han comprendido el nacionalismo cubano. En particular, no han advertido que ese nacionalismo constituye una fuerza de unidad del pueblo.

En particular, los Estados Unidos se han mostrado incapaces de mantener una relación adecuada a sus intereses nacionales con el exilio cubano. Tampoco han comprendido nunca en qué medida este aliado es políticamente inviable en Cuba.

Estados Unidos ha tenido siempre un escaso conocimiento de la situación política interna en Cuba. La escalada contra la Isla, y en general la aplicación de la regla de la hostilidad permanente, produjo resultados inversos a los que se proponía, es decir, el apoyo creciente al régimen.

En cuanto a la política doméstica, Cuba no ha sido nunca un factor de peso que haya dividido realmente a la opinión pública norteamericana. El odio hacia el régimen cubano encerrado en el discurso de la guerra fría se mantiene intacto más de treinta años después. Pero ya no es un factor de peso en la política doméstica. En efecto, Cuba no tiene hoy la importancia que tuvo en la política global de los Estados Unidos. De ahí proviene, en buena medida, el peso decisivo de la inercia en la política que se ha seguido haciendo. Y a la apariencia de estancamiento del patrón que se ha seguido arrastrando, al menos hasta el verano de 1994.

Las motivaciones cubanas

El impulso revolucionario cubano de 1959 fue la descarga de cien años de nacionalismo frustrado.

En Cuba, el nacionalismo revolucionario no estaba dirigido por los comunistas. Sin embargo, fue el discurso nacionalista revolucionario, predominante en los primeros años de la década de los 60 –y no el lenguaje del marxismo convencional soviético– el que causó la reacción política de los Estados Unidos. Si la Revolución Cubana se radicalizó y llegó a absorber la ideología del marxismo-leninismo, ello se debió más al impulso de ese nacionalismo revolucionario, enraizado en las luchas populares desde las guerras de independencia, que a la influencia de las tendencias comunistas históricas.

El otro gran problema entre los Estados Unidos y Cuba, quizás el principal, fue siempre la "exportación de la revolución". Sin embargo, a pesar de lo que ellos hubieran creído, tampoco el apoyo soviético ni chino fue el motor impulsor de las operaciones cubanas en América Latina o en África. Cuba no "exportaba la revolución" como "satélite de la URSS" –más bien todo lo contrario–.[6]

Empero, la cuestión del internacionalismo cubano y su impacto no puede entenderse al margen del entorno geopolítico, que se ha mantenido siempre como un elemento central en la definición del conflicto con Cuba.

La dimensión geopolítica explica que los gobiernos de los Estados Unidos tuvieran una reacción excesiva ante el impacto de la Revolución Cubana, se sobrestimaron las probabilidades de que "otras Cubas" surgieran en el hemisferio. El castigo a la Isla era una manera de disuadir a otros a que tomaran ese camino. Pero tuvo un efecto contraproducente.

Para Cuba, por su parte, más allá de las motivaciones ideológicas, su existencia como régimen revolucionario a noventa millas de los Estados Unidos implicaba de por sí un rechazo a la noción de "esferas de influencia". En buena medida, tal ubicación, expuesta ante los Estados Unidos y en el entorno latinoamericano, condicionó el enfoque cubano de las relaciones internacionales, en contraste con el que tuvieron otros países socialistas.

Así, en los años de la guerra fría, la paz representaba para Cuba un objetivo de alcance integral, que no se

---

6 Para una discusión en extenso de esta paradoja, véase Rafael Hernández: "Cuba y la seguridad en el Caribe", en *Cuadernos de Nuestra América*, La Habana, julio-diciembre de 1994.

reducía a la paz entre las potencias. Pero incluso después del fin de esta etapa, el gobierno cubano ha advertido que los cambios a escala global no han implicado el fin de las tensiones regionales. Antes bien, los conflictos regionales –Golfo Pérsico, Bosnia, Somalia– han proliferado.

En definitiva, aun bajo la guerra fría, Cuba se reencontró con América Latina, porque los gobiernos dejaron de temerle. La principal diferencia de estos gobiernos con los Estados Unidos en cuanto a la política a seguir hacia Cuba no ha radicado en la aprobación del sistema cubano. Antes bien, la mayoría de estos cree que "abrazar" a Cuba puede servir más al propósito de disolver la revolución por vía pacífica –en lugar de intentar asfixiarla por medio del bloqueo económico y las amenazas–. Cuba sigue siendo un emblema de los movimientos populares en la región y un caso único de desafío frontal al poderío de los Estados Unidos en el hemisferio. Esta connotación, naturalmente, está lejos de seducir a los actuales gobiernos latinoamericanos. A pesar de todo, el desafío de lidiar políticamente con estos gobiernos que "aceptan a Cuba", no es comparable con la amenazante hostilidad de los Estados Unidos.

Esta amenaza representa para Cuba el principal problema a su seguridad nacional. En este sentido, algunos se preguntan si a estas alturas es realista esperar una operación militar norteamericana contra Cuba. En la lógica militar predominante en los Estados Unidos no es popular la idea de disponer militarmente del socialismo cubano. Sin embargo, la cuestión podría formularse de otra manera: ¿Puede Cuba asumir que ya no es un blanco en los planes de contingencia de los

Estados Unidos? ¿Puede asegurarse que acciones nor-teamericanas dirigidas a intervenir en un país del Caribe no implicarán "medidas de cautela" equivalentes, de hecho, a operaciones militares cuyo objetivo "secunda-rio" sea la Isla? Y sobre todo: ¿se descartaría esta alternativa si los Estados Unidos creyeran percibir sig-nos de inestabilidad política en Cuba? Parece claro que los motivos de preocupación cubanos están todavía lejos de evaporarse.

La persistencia de los planes de desestabilización, el bloqueo, la Base Baval de Guantánamo –junto a otras políticas al menos ambiguas, como la falta de determi-nación ante los grupos terroristas de Miami y New Jersey– y, de hecho, la reafirmación de una política que tiende a cambiar el régimen político en Cuba, han sido amenazas directas a la seguridad nacional y a la estabi-lidad del régimen cubano. Si bien el discurso oficial norteamericano desautoriza la práctica del terrorismo, la ambigüedad que subyace en todas las políticas nor-teamericanas que afectan en alguna medida a determi-nados sectores de la comunidad cubana –en donde se han implementado típicamente las operaciones terroris-tas contra Cuba– crea una franja de inseguridad al respecto.

En cuanto a las acciones encubiertas, desde Cuba uno se puede preguntar qué es lo que estará haciendo hoy un organismo tan inconspicuo como la CIA. Por lo que se advierte, a nivel de la *cultura política de las acciones encubiertas* se mantiene la propaganda (*Ra-dio Martí*, *Tele Martí*) y las acciones políticas (apoyo a organizaciones y grupos, *e.g.* los "comités de dere-chos humanos"). Pero en medio de las actuales circunstancias, es lógico pensar que no sólo se desarrollan actividades de inteligencia, sino otras operaciones encubiertas que tienen como blanco la estabilidad política en Cuba.

En consecuencia, la mayoría de los cubanos en la Isla tienen razones para asumir que Cuba constituye efectivamente un objetivo de los Estados Unidos.

Reflexionando sobre toda esta situación, uno se puede preguntar: ¿Por qué los Estados Unidos es más hostil hacia Cuba que hacia ningún otro país –si se exceptúa sólo casos contra los cuales los Estados Unidos han librado guerras recientes, como Irak?– ¿Por qué es más recalcitrante en sus relaciones con Cuba que con China? Más de treinta años después, los cubanos perciben una autorreproducción perpetua de los gestos de esa enemistad. Todos estos factores tienden a reafirmar la idea de que la relación entre Cuba y los Estados Unidos es parte de una situación estructural que responde a la naturaleza del conflicto y a actitudes que no se reducen fácilmente a los términos de la negociación.

Ahora bien, ¿significa esto que no existen condiciones para un cambio? Por el contrario, las circunstancias internacionales que han marcado decisivamente el curso de esa política durante más de 30 años se han transformado de forma radical. La extinción de la alianza cubano-soviética y el reflujo de los procesos de liberación nacional en América Latina y África, en un contexto mundial emergente del fin de la guerra fría, han modificado sustancialmente el escenario de la política hacia Cuba.

La situación internacional y regional: su impacto en la dinámica del conflicto

Examinaremos a continuación una serie de problemas que se derivan de los cambios mundiales y que tienen relevancia para la discusión acerca de las alternativas de política entre los dos países.

Impacto del derrumbe del "socialismo real" europeo y el fin de la guerra fría

Bien vistas, las lecciones de la caída del socialismo en el Este para los Estados Unidos deberían ser que las relaciones económicas y diplomáticas, el intercambio cultural y los contactos en general dan más resultado que el bloqueo económico y el aislamiento. En efecto, Hungría, Polonia y Checoeslovaquia están más cerca de los objetivos de los Estados Unidos que Irán, Irak, la República Democrática de Corea y Cuba.

Vista desde Cuba, las lecciones del Este son un poco diferentes. Es extraño para los cubanos colocarse en la posición de los polacos o los checos. Nunca fueron un modelo de sociedad política para la mayoría de los que los conocieron directamente. Tampoco existió una particular afinidad en sus políticas exteriores hacia las causas del Tercer Mundo o América Latina.

Entre las críticas que puedan existir en Cuba sobre la forma de conducir la política exterior, no es común encontrarse el reproche al gobierno por haber seguido las pautas de Moscú –como era frecuente oír en Europa Oriental–. Los cubanos no se han sentido satélites de la URSS –y por tanto la caída del muro de Berlín no les ha resultado una liberación en sus relaciones exteriores–. En todo caso, algunos piensan que ha sido todo lo contrario.

Desde la perspectiva del gobierno cubano, la experiencia de la URSS y Europa oriental podría formularse de la siguiente manera: siendo necesaria una política de reformas del socialismo, un proceso mal conducido puede acabar con el sistema que se pretende reformar –y no sólo con el sistema, sino con la propia cohesión de la sociedad civil sobre la que se levanta–. Si bien los cambios son necesarios, en condiciones de crisis económica y tensiones sociales estos deben ser conducidos con el mayor cuidado y moderación, a fin de poder rebasarla y consolidar un nuevo modelo.

Paradójicamente, los cubanos podrían aprender hoy más de las sucesivas reformas de carácter constitucional, económicas y políticas que se han dado en los Estados Unidos a lo largo de su historia, preservando la integridad esencial de su sistema, a pesar de profundas crisis económicas y formidables desafíos sociales, que del estado actual de la mayoría de las sociedades del Este europeo.

Naturalmente, el despliegue de un proceso de reformas bajo control, estable, integral y de largo alcance se facilita cuando no se está entrampado en la lucha por la satisfacción de las necesidades más inmediatas. En otras palabras, la aguda crisis económica desfavorece la celeridad de las reformas.

La inseguridad nacional

La desaparición de la "amenaza soviética" ha elevado objetivamente el nivel de exposición de Cuba ante los Estados Unidos.

El impacto de la crisis no sólo sobre los sectores productivos de la economía, sino sobre otros asuntos como la salud, la educación, los servicios, la información, y su efecto sobre el nivel de vida acumulado de los cubanos, ha creado un estado de tensionamiento social, impredecibilidad y sensibilidad acrecentada ante las contingencias, tanto externas, como internas, que tiene ribetes de emergencia nacional.

En segundo lugar, la continuidad y, en ciertas cuestiones, el recrudecimiento de la política clásica de los Estados Unidos contra Cuba, combinado con los factores anteriores, incrementa la sensación de exposición, vulnerabilidad y desbalance estratégico, ante una renovada amenaza no sólo al orden económico o al régimen político, sino al sistema social del país.

Según se señaló, la cuestión de la seguridad sigue teniendo un vivo efecto en las percepciones cubanas. En este contexto, la política de los Estados Unidos, a contrapelo de sus propios intereses, contribuye a fortalecer la percepción cubana de *fortaleza sitiada*. En esta situación, se tienden a reforzar las medidas de seguridad, controles económicos especiales, mayor centralización de las decisiones, movilización, etcétera. Y por supuesto, el mantenimiento de un nivel de atención a la defensa. Pero la percepción de la *fortaleza sitiada* no es sólo militar ni es mera percepción. La relación con los Estados Unidos ha elevado su significación doméstica en los últimos años. Los cubanos miran alrededor y ven las huellas norteamericanas en diversas situaciones domésticas:

- la crisis económica que experimenta el país agudiza la significación real del bloqueo;

- la reducción relativa del consenso interno como resultado sobre todo de la crisis exacerba la sensibilidad ante los factores de desestabilización diseñados por el gobierno de los Estados Unidos, como la propaganda radial y televisiva destinada a alimentar el descontento, así como el apadrinamiento de grupos de oposición;
- bajo las condiciones de aislamiento ideológico internacional que sufren las ideas socialistas como resultado del derrumbe del socialismo en el Este, adquieren mayor peso real las campañas de aislamiento y desprestigio, especialmente en foros internacionales, dirigidas a presentar al régimen cubano como el principal violador de los derechos humanos en el hemisferio, utilizando presiones políticas y económicas sobre otros gobiernos para lograr sus fines;
- en el clima de euforia restauracionista que se vive a partir de las experiencias de Europa oriental, se eleva el nivel de expectativa de los grupos contrarrevolucionarios del exilio de Miami, contando con el estímulo prometedor de la Administración norteamericana, y creando una atmósfera rayana con el terror blanco –todo lo cual se escucha perfectamente en Cuba–.

En torno al papel de esta comunidad, y su impacto en la Isla, es importante considerar que el discurso predominante en el exilio cubano resulta autoritario, conservador y pro-norteamericano para la mayoría de la población de Cuba –incluida aquella que propugna cambios en el sistema–. Ello no significa, sin embargo, que la mayoría de los cubanos no quieran una relación más normal con sus familiares en los Estados Unidos, aunque tampoco crean que esos parientes puedan tener influencia en que cambie la política de ese país hacia Cuba. La apertura de una política de diálogo con el sector mayoritario de la comunidad cubana –a partir de la reunión sobre "Nación y Emigración" de mayo de 1994 entre representantes de esa comunidad y el Gobierno cubano– responde en buena medida a esta percepción.

Alianzas y concertaciones

Con el fin de las guerras africanas de Cuba a fines de los años 80 y el apaciguamiento de los conflictos centroamericanos, en el plano *militar*, así como con la disolución de sus nexos *económicos* con el bloque socialista, es lógico que los recursos *diplomáticos* tengan un peso específico principal en su política exterior. Se podría esperar que la actual Cuba se conduzca con el mayor realismo diplomático. Sin embargo, al mantenerse la tónica de guerra fría en sus relaciones con los Estados Unidos, el cuarto componente –el *ideológico*– tiende a adquirir un peso mayor.

El enconamiento de la confrontación ideológica, en efecto, se convierte en un factor adverso para el encuentro de Cuba con el resto del hemisferio –proceso que, sin embargo, no ha sido enteramente bloqueado, a pesar de las presiones de los Estados Unidos.

Por otro lado, Cuba está lejos de ser la espina en el costado de las relaciones interamericanas. Como se señaló, la Revolución Cubana ha descendido objetivamente en lo que podría identificarse como la escala de preocupaciones regionales, respecto a los años 60.

En su conflicto con los Estados Unidos, Cuba encontraba un campo favorable en los foros multilaterales en los años 70 y principios de los 80 –como parte del conflicto Norte-Sur–. Estos foros se habían caracterizado por recoger los problemas de los países del Tercer Mundo. Hoy día el sistema internacional está caracterizado por la crisis económica de estos países, los procesos de integración en torno a polos de capitalismo avanzado y el conocido derrumbe del campo socialista. Tales cambios en el sistema no han dejado de reflejarse en los organismos del sistema de Naciones Unidas. Entre estos efectos, ha tenido una especial significación la internacionalización de los problemas políticos internos. Esto despierta, naturalmente, un margen creciente de desconfianza cubana incluso ante los mecanismos multilaterales.

No obstante, las relaciones cubanas con la región latinoamericana y caribeña, y con otros países como Canadá, se han incrementado, tanto en términos económicos, como políticos. El resto del hemisferio, en general, está a favor de un entendimiento entre Cuba y su vecino del Norte.

El mercado y la geopolítica

La manera en que los Estados Unidos ha desconocido los cambios habidos en la agenda internacional entre los dos países –la URSS, Centroamérica, el suroeste de África–, así como los cambios ocurridos en Cuba en los últimos años, podrían presagiar que no se contentarían con algo menos que un retorno del capitalismo a Cuba.

La política de inversiones extranjeras y la búsqueda de mercados, así como las relaciones con empresarios de todas partes –incluidos los de México, Canadá y los propios Estados Unidos– refleja que la actual política cubana no es ir en contra de los *factores geoeconómicos* o a contrapelo de las fuerzas del mercado predominantes a nivel global. La diferencia entre Cuba y otros países de la región llamada Cuenca del Caribe, consiste en que los otros países no han logrado separarse lo suficiente, en su sistema político, del condicionamiento geopolítico impuesto por la vecindad de los Estados Unidos, distinto por su naturaleza a la lógica del mercado. Cuba no se movería necesariamente a contrapelo de las relaciones de mercado internacionales, protagonizadas por actores no estatales o trasnacionales, sino más bien en contra de la sujeción a los designios del Estado norteamericano. No es la interdependencia económica lo que contradice los presupuestos de desarrollo de Cuba, sino el retroceso político que significaría tener al Estado norteamericano como un factor interno al sistema cubano y como una deidad sobre sus relaciones exteriores, igual que lo fue durante más de medio siglo. De otra manera, habría que asumir que la lógica del mercado o los factores geoeconómicos del entorno supracaribeño conllevarían necesariamente una sujeción a los intereses de los Estados Unidos, en términos de opciones políticas domésticas o de arrendamiento de la *seguridad nacional*.

Por otro lado: ¿no es precisamente la lógica del mercado lo que haría de la geopolítica norteamericana una aberración? Si es la lógica geoeconómica lo que va a presidir las relaciones entre los Estados Unidos y los países de "la Cuenca", ¿no sería lógico que los empresarios prevalecieran sobre los geopolíticos? ¿O es que la posguerra fría sólo conducirá a la preguerra fría?

En términos geopolíticos, la construcción de una estructura de seguridad internacional en el entorno del Caribe sería una condición necesaria, si bien no suficiente, para la estabilidad que necesita el desarrollo de las relaciones económicas en el área. Para garantizar su funcionamiento, dentro del cono de sombra del Tratado de Libre Comercio norteamericano no debería haber guerras u operaciones militares que irrumpan en el libre y pacífico curso del comercio y las secuencias productivas trasnacionales. Una premisa del libre comercio es que las problemáticas sociedades del Caribe y Centroamérica no se vieran también perturbadas por causas exógenas, tales como las que exacerban los conflictos interestatales o provocan intervenciones. Para eso, sería útil que se establecieran algunas reglas, acuerdos o cooperaciones entre los Estados, que facilitaran no sólo el libre comercio, sino también la paz y la estabilidad. Sin eso, la lógica geoeconómica de la integración entre los –al menos por ahora– países y naciones individuales del área, será como lo que se creía que era la revolución socialista: algo inevitable, pero que de manera lamentable no llega a ocurrir del todo por el momento.

Si además de esta realidad, se comparten las ideas de respeto por la soberanía y la autodeterminación, la no intervención militar, la predilección por la negociación pacífica, la colaboración multilateral, la democracia y los derechos humanos, la mejor forma de preservar el mercado libre es previniendo tensiones. Es obvio que la cuestión del mercado y la integración aparece como algo más complejo que la irresistible ascensión de ciertos actores y de cierta racionalidad geoeconómica; también se impone un contexto de pluralismo y tolerancia como condiciones *sine qua non*. De otra manera, todo tipo de diferencias, ideológicas, étnicas, nacionales, culturales, entorpecerán la transparente dinámica de las grandes tendencias económicas.

La política de los Estados Unidos hacia Cuba: la bola de cristal fracturada

Antes del verano de 1994, la mayoría de los analistas de la política norteamericana hacia Cuba, tanto en los Estados Unidos, como en la Isla, pronosticaban que se mantendría el estancamiento. Algunos han coincidido, en ambos lados, en que todo dependería de los cambios que tuvieran lugar en Cuba, desconociendo de hecho la dinámica básica que ha gobernado la política norteamericana hacia la Revolución, y el peso que en ésta han tenido históricamente los factores de política doméstica y las percepciones de "amenaza" que han imperado en los Estados Unidos respecto a Cuba.

En efecto, en los últimos tiempos han predominado dos esquemas de interpretación sobre esta política.

El primero, parte de la premisa de que la política norteamericana hacia Cuba ha dejado de estar determinada por intereses de política exterior, y ha pasado a estar motivada por factores de política interna. Según este enfoque, la política norteamericana no cambia porque a ello se opone el grupo de presión de la derecha intransigente de la comunidad cubana. Para que la política de Estados Unidos hacia Cuba cambie, se requeriría, siguiendo esta lógica, que el poder de este grupo decreciera o que emergiera un grupo alternativo, de manera eventual en el seno de la propia comunidad o fuera de ella, que influyera sobre el Congreso y la Administración.

El segundo enfoque se basa en reconocer que la política norteamericana actual hacia Cuba está causada por factores de política exterior encarnados en el efecto de la caída del socialismo. Según este enfoque, la política norteamericana no cambia porque espera que esa caída tenga lugar en Cuba. De ahí se sigue que la perpetuación del régimen socialista, y los cambios que tengan lugar en la Isla, determinarán por sí mismos un nuevo rumbo en la política de los Estados Unidos.

A mi juicio, ambos enfoques contienen elementos de verdad; pero resultan insuficientes para comprender la ecuación que gobierna la política norteamericana hacia Cuba. La confluencia de factores domésticos en la formación de esa política ha estado presente desde 1960, cuando el tema se convirtió en uno de los puntos álgidos de la campaña electoral. Las complicaciones domésticas en la política norteamericana han actuado en todas las crisis con la Isla.[7] Esta política, sin embargo, ha sido siempre atribución de los órganos de mando de la política exterior de los Estados Unidos, es decir, de la seguridad nacional. De esta manera, Cuba ha seguido siendo un problema de política exterior, que no se decide en las instancias de concertación política doméstica,

7 Por ejemplo, en 1962, durante la Crisis de Octubre; en 1979, con la llamada minicrisis de los MiG 23; en el 80, como factor del éxodo del Mariel; y en cada caso relevante.

sino por la elite de poder de la política exterior y en sus órganos de mando.

Lo que es nuevo en la política norteamericana hacia Cuba después del fin de la guerra fría es que ésta ha dejado de estar atada irremisiblemente a la lógica de la continuidad y de un "plan central". De ahí que –aun antes de la crisis migratoria de agosto de 1994– había entrado ya en una dinámica de cambio, gradual y contradictoria, marcada por los siguientes rasgos:

- La noción compartida por corrientes ideológicas diversas –liberales y conservadores– de que la política tradicional es ineficaz;
- la noción compartida de querer ahorrarse los costos que podría acarrear un cambio rápido en Cuba, así como de advertir sobre el peligro de que se pueda gestar una crisis en la Isla;
- la carencia de una estrategia articulada de largo plazo hacia Cuba, incluso de la que aconsejara un método de acercamiento "paso a paso";
- la falta de prioridad del tema de Cuba en la agenda global de política exterior de los Estados Unidos;
- la importancia aun menor en el ámbito interno;
- el predominio de un enfoque de costo/beneficio, según iniciativas de corto alcance generadas en distintos puntos de la burocracia, la exposición creciente del tema a iniciativas generadas en distintos puntos del sistema político.

Este nuevo paisaje significa que el *modelo del péndulo de Foucault* ha dejado de funcionar como principio explicativo de la política.

Premisas y precauciones en la "solución del conflicto" Estados Unidos-Cuba

La lógica implícita en la mayoría de los análisis sobre el conflicto cubano-norteamericano es la de la factibilidad de una normalización de relaciones entre los dos países. Pero el peso real de los intereses y valores antagónicos no pueden desconocerse, más allá de la mayor o menor voluntad de arreglo diplomático. Esta doble serie de factores opuestos deben considerarse a la luz de las premisas que gobiernan el proceso de "solución del conflicto".

Por otra parte, la contabilidad de costos y beneficios no se reduce hoy, como implican algunos, a un juego de suma cero.[8] Cuba puede ganar sin que los Estados Unidos pierda y viceversa. La evaluación costo/beneficio debe basarse en el análisis de las implicaciones que la diferente situación y escala de intereses nacionales específicos tienen para cada uno.

El ángulo norteamericano

La principal premisa en la actual política de los Estados Unidos hacia Cuba podría definirse como *procurar sus objetivos por medio de una política más eficaz en términos de costo/beneficio que la que ha mantenido durante tres décadas*. Esta política hacia Cuba perseguiría a) neutralizar la afectación a sus intereses pasados y presentes que le produce la Revolución Cubana, b) contener las posibles tendencias cubanas que puedan

8   Véase Edward Gonzalez y David Ronfeldt: *Cuba a la deriva en un mundo postcomunista*, Rand Corporation, 1992, pp. 64-76.

afectar esos intereses en el futuro, c) aumentar su capacidad de influencia en general en la política cubana, d) obtener mayores beneficios en áreas específicas bilaterales. Ninguno de estos objetivos implican necesariamente una relación amistosa con el régimen cubano.

Ahora bien, ¿qué gana o pierde los Estados Unidos en el arreglo diplomático de su agenda con Cuba?

Costos

a) Confrontar con los grupos conservadores, incluidos los de la comunidad cubana, que hacen política interna en torno al tema de Cuba. Asimismo, lidiar con actitudes y predisposiciones establecidas durante mas de tres décadas en la burocracia permanente, en los aparatos de seguridad y relaciones exteriores, y en el Congreso.

b) Reconocer de hecho y de derecho al régimen cubano, después de más de 30 años de negarlo.

c) Devolver la Base de Guantánamo, lo que significaría la cesión a la soberanía cubana de un dispositivo naval y aéreo de que ha dispuesto la Marina de los Estados Unidos durante casi un siglo en el Caribe.

d) Sujetar las transmisiones hacia Cuba, y en general, el flujo de información de ambos lados, a un acuerdo recíproco de intercambio, en lugar de la fórmula unilateral vigente.

Beneficios

a) Despertar una *constituency* de grupos de interés, especialmente económicos, inclinados hacia las relaciones con Cuba, que no han entrado a funcionar como *lobbies* debido a la rigidez de la política de los Estados Unidos –como los petroleros, biomédicos, agroindustriales, mineros, turísticos y otros de carácter comercial–. El diálogo con Cuba liberaría especialmente a un sector mayoritario de la comunidad cubana –incluidos los hombres de negocios– que hoy es rehén de la política conservadora tradicional, permitiéndole expresarse y organizarse en favor de esa política.

b) El levantamiento del bloqueo, total o parcialmente, beneficiaría en primer lugar al sector privado. Sería una medida congruente con el origen de esta política, ya que el bloqueo tuvo como lógica original la afectación a las corporaciones perjudicadas por las nacionalizaciones en 1960. Esto se refuerza con la posibilidad de introducir el tema de las indemnizaciones a estas compañías, aunque éste es sobre todo un asunto simbólico, más que una condición basada en el interés económico afectado, sobradamente indemnizado ya por la ley norteamericana. En todo caso, es un asunto que sólo puede ser tratado en un marco de negociación.

c) Devolver la Base Naval de Guantánamo permitiría mejorar las relaciones y explorar formas de coexistencia constructiva entre las Fuerzas Armadas de los dos países. Es lógico, que las Fuerzas Armadas en el interés de las fuerzas armadas de los Estados Unidos tendrían interés en mejorar sus relaciones con las Fuerzas Armadas más poderosas del Caribe, y una de las de mayor profesionalidad y experiencia del hemisferio.

d) Eliminar un punto de discordia con América Latina y varios países industrializados, como Canadá, así como un tema de tensión en las deliberaciones de los organismos internacionales, contribuiría de por sí a las relaciones exteriores de los Estados Unidos y al funcionamiento del sistema internacional.

144

e) El flujo informativo entre los dos países podría tomar cauces normales, incluido el intercambio legítimo de programas de radio y TV de ambas partes, sobre la base de un acuerdo.

f) Estabilizar, regular y controlar el flujo migratorio procedente de la Isla, evitaría el peligro de la inmigración desordenada y prevendría fenómenos contraproducentes como el Mariel o la crisis migratoria de agosto de 1994. El beneficio que se deriva de aquí atañe no sólo a la consistencia de la política inmigratoria norteamericana, sino a los intereses de la propia comunidad cubana.

g) Negociar problemas como la intercepción del narcotráfico, la seguridad naval y aérea, la coordinación entre guardacostas, la protección al medio ambiente y otros asuntos de interés mutuo en las zonas aledañas al estrecho de la Florida representaría un paso positivo en sí mismo.

h) De igual forma permitir acuerdos que hagan eficientes las comunicaciones telefónicas, el correo y otros canales actualmente deficitarios o inexistentes.

El ángulo cubano

La premisa cubana podría definirse como *la preservación de la independencia, la soberanía y el desarrollo nacional*. En términos de sus relaciones con los Estados Unidos podría enunciarse como reducir el nivel de hostilidad que las ha caracterizado en los últimos treinta años.

Es obvio, no obstante, que Cuba obtendría determinadas ventajas de una reducción de la hostilidad y de un arreglo diplomático con los Estados Unidos.

Beneficios

a) La sola reducción de la hostilidad favorece los intereses nacionales de Cuba. Recibir el reconocimiento político al régimen revolucionario significaría un paso histórico para la independencia y autodeterminación del país.

b) El cese de las presiones principales sobre las relaciones exteriores de Cuba, incluidas las económicas, que se deriva del fin de la hostilidad representaría un alivio considerable y la apertura de nuevas oportunidades.

c) El acceso al mercado norteamericano y a sus flujos de capital constituye un valioso recurso por si mismo, además del efecto multiplicador que tendría sobre las relaciones económicas externas de Cuba.

d) La devolución de la Base Naval de Guantánamo significaría la recuperación de la soberanía sobre la integridad del territorio nacional, limitada por la presencia militar de los Estados Unidos.

e) Se facilitaría la cooperación en problemas bilaterales derivados de la contigüidad geográfica, como los que se apuntaron más arriba.

f) Repercutiría en un mejoramiento de las relaciones cubanas con su comunidad en los Estados Unidos y otros países.

g) La ampliación de la superficie de contacto entre los dos países permitiría la constitución de alianzas o convergencias de intereses con sectores de la sociedad norteamericana hoy vedados, como el de los negocios o las organizaciones no gubernamentales.

Costos

Ahora bien, estos beneficios no deben hacer desconocer un grupo de presupuestos de realismo político. No porque se negocien las diferencias de la agenda bilateral cesarán de existir o actuar los factores de poder e intereses que han propulsado hasta ahora la política hostil. No porque se entre en un proceso de normalidad diplomática cesará la actividad de aquellos sectores en el Ejecutivo y el Congreso que persiguen un cambio esencial del régimen cubano. No porque los Estados Unidos acepten tratar con el gobierno cubano habrán renunciado a reconstituirse como poder e influencia dentro del sistema económico y político del país. Entre los principales costos podrían mencionarse los siguientes:

a) El acercamiento con los Estados Unidos, aunque visto como necesario por muchos en Cuba en términos puramente económicos, suscita preocupación en términos políticos e ideológicos. Los sectores más radicales del nacionalismo revolucionario cubano podrían identificarse con esta política sólo hasta cierto punto, en la medida en que contiene riesgos para la independencia del país. Esta resistencia podría dividir el consenso nacional, en un período en que la cohesión social y política tiene una importancia estratégica.

b) El impacto de una posible irrupción del capital norteamericano en una economía cubana que no ha completado su proceso de reformas podría tener un efecto contraproducente.

c) Es posible que el gobierno de los Estados Unidos quiera influir sobre la comunidad de negocios en relación con Cuba, aconsejando o tutoreando el flujo de capitales en función de favorecer a determinados propósitos políticos.

147

d) Si existe una relación más abierta y una comunicación más extensa entre los dos países, el gobierno y los grupos de interés político en los Estados Unidos, incluidos los de la comunidad cubana, pueden intentar aumentar su influencia en la dinámica interna de Cuba, antes de que el proceso de reformas políticas se haya consolidado en la Isla.

e) Organizaciones no gubernamentales y estructuras de poder en los Estados Unidos, instituciones culturales y todo tipo de grupos de interés, en general los aparatos ideológicos de la sociedad norteamericana, aumentarían su impacto sobre la sociedad cubana en medio de una situación de exposición, producto de la crisis económica y de sus efectos.

Comentario final

Planteado en sus términos más elementales, el problema de la "solución del conflicto" y de sus diferentes aproximaciones conceptuales y políticas en la actualidad podría reducirse a una cita de Lewis Carroll:

"—La cuestión es –dijo Alicia– si puedes hacer que las palabras signifiquen cosas tan diferentes.

" —La cuestión es –dijo Humpty Dumpty– quién es el que manda. Eso es todo".

Cultura y concertación
regional en el Caribe

Cuando se habla del intercambio cultural en el Caribe se tiende a pensar más bien en festivales folklóricos, arte *naïf*, ritmos de percusión africana y carnavales.

Sin embargo, para abordar los problemas de las sociedades antillanas, de sus relaciones exteriores, desarrollo económico sustentable y los esfuerzos por reinsertarse en un mundo crecientemente globalizado, sin perder su identidad propia, la dimensión cultural resulta central.

El tratamiento dado a cuestiones como el medio ambiente, los desastres naturales, la migración o el contrabando de sustancias prohibidas como partes de la problemática de seguridad nacional e internacional ha subrayado el peso que estos tienen para la sobrevivencia de los países del Caribe. Empero, los enfoques predominantes en las agendas de las principales organizaciones subregionales, la Asociación de Estados del Caribe y el Caribbean Comunity and Conmon Market (CARICOM), las consideran más bien como problemas que rebasan el ámbito de la seguridad, no sólo en su naturaleza, sino en los instrumentos que se proponen para enfrentarlos.

El presente ensayo trata de considerar estos tópicos de las relaciones internacionales del Caribe desde la perspectiva de la cooperación cultural. Esta dimensión abarca, tanto la cultura en un sentido estricto, como la ciencia, la tecnología, la educación, la salud y el deporte.

La premisa de este enfoque es que esta dimensión cultural es el eje vertebral de la cooperación actual en la Cuenca del Caribe, por la índole de los problemas que aborda y por el papel de tejido conductivo que desempeña para propiciar el entendimiento y la confianza mutua ante amenazas comunes.[1]

Paradojas y complejidades caribeñas

El Mar Caribe posee una extraña condición, que se expresa en un cúmulo paradójico de facetas:

- A pesar de que los países que baña el Caribe son parte de la comunidad hemisférica y poseen un característico contorno económico, histórico y cultural propio, estos incluyen la mayor pluralidad étnica, lingüística, de sistemas políticos, escalas

1 Ésta podría ser una propuesta para responder a la pregunta formulada por Joseph Tulchin: "In the absence of violent conflict, what are the most effective Confidence Building Measures to reduce tensions among states?" Véase Joseph Tulchin: "Redefining National Security in the Western Hemisphere: the Role of Multilateralism", en Francisco Rojas, editor, *Medidas de confianza mutua y verificación*, FLACSO, P&SA, FOCAL, 1995, pp. 3 y 4.

físicas y estatuto de soberanía respecto a cualquier subregión del hemisferio y aun entre sí;[2]

- no obstante su relativa comunidad de intereses y problemas, y su concentración en una misma área geográfica, el nivel de cooperación e integración subregional entre estos países, visto integralmente, ha sido bajo, y se encuentra atrasado respecto al conseguido en otras áreas del hemisferio;

- aunque las economías de los países caribeños no tienen un alto peso específico a escala hemisférica, ni son protagónicas en las transferencias de capital, flujos de materias primas o mercancías entre el Norte y el Sur, el papel de sus territorios como plataformas de exportación, teatro de operaciones financieras o eslabones de cadenas productivas y comerciales trasnacionales es significativo, dadas su cercanía a mercados más importantes, especialmente el norteamericano y su posición estratégica entre las dos Américas;

- a pesar de no contener, como otros mares, recursos económicos y estratégicos de escala planetaria, es la ruta por donde transitan los mayores flujos de materias primas y mercancías, por medio de los

2 Se calcula que desde 1942 se han acordado más de veinte tratados de delimitación marítima en el Caribe, de manera especial durante los años 70. Estos acuerdos no sólo tienen un interés de soberanía territorial, sino de derechos de explotación compartida de recursos. Cfr.: Kaldone Nweheid: "Inventario de acuerdos internacionales y de cooperación ambiental", en *Medio ambiente, seguridad y cooperación regional en el Caribe*, coord. A. Serbín, INVESP-CIORO, Ed. Nueva Sociedad, Caracas, 1992, p. 124.

dos océanos más importantes, entre los grandes
centros productivos y comerciales del mundo;

- si bien, en general, se trata de países pequeños, con
una población limitada, la brevedad de los pasos
marítimos entre las islas, y entre algunas de estas
y los grandes vecinos continentales, en especial los
Estados Unidos, permiten que el flujo migratorio
indocumentado y el tráfico de productos prohibi-
dos alcance niveles relativos muy altos;

- aunque entre los países caribeños se encuentran
algunas de las colonias más ricas del mundo en su
época y poseen un notable patrimonio cultural,
hoy se hallan entre los más pobres del hemisferio,
dado el desfavorable mercado para las materias
primas que exportan, la insuficiente competitivi-
dad de sus escasos productos industriales y su poca
capacidad de atracción de capitales.

A este cuadro de contrastes, se añaden algunos otros
elementos, como los siguientes:

- La mayoría de los países caribeños definen la
percepción de amenaza a sus intereses nacionales
no ante un Estado-nación vecino, sino frente a la
acción depredadora y desestabilizadora de actores
que, como las corporaciones y otros, amenazan el
medio ambiente, así como de aquellos que expre-
san los intereses de redes de poder trasnacional y
manifestaciones de la descomposición social, como
el crimen organizado y el narcotráfico;

- la población de origen caribeño en los grandes
países que bordean la Cuenca, especialmente los
Estados Unidos, es ya mayor, en términos absolu-
tos, que la de cualquier gran nación latinoamericana, con la excepción de México, lo que tiene un

efecto multiplicador sobre los flujos migratorios y sobre las conexiones económicas formales e informales entre aquellos y los países del Caribe.

Estos elementos, en particular la pertenencia a un conciso entorno geoeconómico y la percepción de amenazas comunes, así como la proximidad de sus componentes etnoculturales, la aspiración a no quedar soslayados del impulso integracionista global y el paralelismo de sus problemas sociales, crean de por sí –aun en condiciones de relativo extrañamiento, como las que han existido históricamente entre el Caribe Oriental y las Antillas hispanoparlantes–[3] un espacio para el entendimiento y la cooperación, especialmente si se vislumbran oportunidades donde estos países potencien nítidamente la capacidad y eficacia de las políticas nacionales para enfrentar problemas identificados como importantes.[4]

Esta convergencia estructural fundamenta lógicamente la adopción de una política dirigida a impulsar la confianza mutua, dando pasos efectivos no sólo en el plano diplomático, sino económico, social y cultural.

3   Cfr.: Andrés Serbín/Anthony Bryan (ed): *¿Vecinos indiferentes? El Caribe de habla inglesa y América Latina*, Ed. Nueva Sociedad, Caracas, 1993.
4   Un ejemplo de lo que significa el intento por construir políticas de confianza económica, en particular en torno a la competencia dentro de la industria turística en la región caribeña, fue la comparecencia de Fidel Castro ante un grupo de empresarios de la Asociación de Industria y Comercio del Caribe y la aseguradora Caribbean Association, en Trinidad y Tobago: "El desarrollo turístico de Cuba no tiene por qué desplazar en lo más mínimo el de otros países, por el contrario, queremos hacerlo en estrecha coordinación con los países del área". (Cable de EFE, 18 agosto de 1995.)

Por su parte, los componentes diferenciadores y los factores de conflicto o alejamiento apuntados más arriba interactúan entre sí, y también fundamentan la necesidad de un espacio de conciliación de intereses. Veamos esta idea con más detalle.

La diversidad de culturas, estatutos y sistemas políticos en el Caribe, entre países como Martinica y Puerto Rico, Trinidad y Tobago y Antigua y Barbuda, Islas Vírgenes e Islas Cayman, República Dominicana, Haití y Cuba, aconsejan no apresurarse en definir demasiado estrictamente los parámetros de sistemas normativos, perspectivas culturales y visiones sobre el desarrollo equitativo como precondiciones para la cooperación entre los países caribeños.

El carácter heterogéneo del conjunto denominado "países caribeños" resulta hoy un lugar común. En respuesta a ese *caveat* diferenciador, se ha intentado, con mayor o menor éxito, la subdivisión del Caribe como totalidad subregional.[5] Sin embargo, el cruzamiento de variables como las que se han apuntado más arriba no permite construir una división unívoca. Los subgrupos que se configuran a partir de estas variables –geográficos, etno-lingüísticos, políticos– no coinciden

5 Según Kaldone Nweheid, se puede dividir el Gran Caribe en 10 subgrupos o áreas, atendiendo solo a la variable geográfica: Golfo de México y adyacencias, Centroamérica, países continentales hispanoparlantes, Antillas Mayores, Caribe Oriental angloparlante, colonias británicas, departamentos franceses, Antillas neerlandesas, las Guyanas y Brasil. Incluso ateniéndose al criterio puramente geográfico, países como Cuba pertenecerían a más de un área. Este autor reconoce que tal agrupación no coincide con la que se haría desde el punto de vista cultural, sociopolítico o de sistemas jurídicos. (Cfr. K. Nweheid: "Inventario de acuerdos internacionales y de cooperación ambiental", ob. cit., p. 104.)

entre sí. Incluso desde el punto de vista estrictamente geográfico, hay países que podrían ser incluidos en más de un subgrupo. De esta complejidad se deriva la necesidad de delinear políticas de confianza mutua no sólo sustentadas en la convergencia estructural mencionada y que puedan servir de base para un sistema que se coloque frente a la región como totalidad, sino también a partir de la especificidad de estos subgrupos.

Elaborar multifacéticamente esta especificidad nos puede llevar a reflexiones más amplias sobre las circunstancias para el surgimiento de políticas de construcción de confianza en el Caribe.

Tomemos el caso del subgrupo del Golfo, un ejemplo típico del abigarramiento caribeño. En este subgrupo participarían naturalmente los siguientes países: las Islas Vírgenes norteamericanas, Bahamas y Cuba, además de México y los Estados Unidos. Lo que estos tienen en común no son sólo las fronteras terrestres o los límites marítimos. Esas delimitaciones físicas son más bien superficies de contacto atravesadas en mayor o menor medida por dinámicas políticas, económicas, culturales, ecológicas.

Tampoco la mera cercanía significa que estas dinámicas fluyan por sí mismas. El papel central de la dimensión cultural se hace aquí particularmente evidente. La mayoría de los norteamericanos, incluidos *sus* políticos, no sabrían encontrar en el mapa sus Islas Vírgenes ni en qué dirección despegan los aviones con destino a Nassau. Es dudoso que los mexicanos o los cubanos estén al tanto de lo que ocurre en el panorama nacional de Bahamas. Los habitantes de las Islas Vírgenes son prácticamente invisibles para la inmensa mayoría de los caribeños, incluidos los de las West Indies. A pesar de lo que ha representado Cuba para los Estados Unidos estas últimas décadas, son excepcionales los norteamericanos que saben de *su* base naval en la bahía de Guantánamo. En cambio, aunque mexicanos y cubanos reponden a patrones étnicos y culturales disímiles, y han vivido bajo regímenes bastante diferentes, muchos artistas, gustos musicales, figuras nacionales y valores de un país son familiares y hasta populares en el otro.

La calidad del nivel bilateral puede no explicarse ni subsumirse en la vecindad geográfica. Paralelismos históricos y culturales suelen contar más que cercanías físicas. La confianza mutua entre dos gobiernos del área como México y Cuba se ha trenzado –sin restarle mérito a los políticos que han conducido estas relaciones– sobre un terreno histórico y cultural, que no existe entre estos dos países y, por ejemplo, el de Nassau. Por el contrario, sería banal reducir las afinidades o los conflictos entre los Estados Unidos y los países caribeños de habla inglesa a compartir prácticamente un mismo idioma o a tener confianza con una *madre patria* común. En este caso, la gran diferencia de escalas entre la supepotencia y el miniestado permea toda la relación.

Sin embargo, la elaboración de la especificidad no debe limitarse al ontologismo irrepetible de la dimensión bilateral. Es cierto que un derrame de petróleo en la corriente del Golfo, una intensa temporada ciclónica, la migración de una especie de peces de las aguas colindantes o las operaciones de una red de narcotráfico por el Paso de los Vientos pueden colocar a todos estos países ante una amenaza común. Esa preocupación compartida potencia el interés nacional hacia el tratamiento multilateral de los problemas.

Al considerar que las relaciones pueden estar influidas por factores ajenos a la proximidad, es necesario
partir de reconocer que el interés nacional del país,
piedra angular de la confianza mutua, no se define o
redefine solo por el Estado-nación. Factores domésticos, de naturaleza societal, intervienen en la configuración de este interés. La influencia de los distintos
sectores de la sociedad civil, que pueden responder a un
patrón diferente al del Estado, se ejerce también sobre
la construcción de espacios de mayor confianza. El
acercamiento objetivo –o el desinterés– entre países no
se confina necesariamente a una dinámica gubernamen-
tal. En otras palabras, los factores societales resultan
insoslayables para pensar la confianza mutua.[6]

Las percepciones de amenazas externas en los esquemas de concertación intracaribeña: la dimensión cultural

Algunos autores han señalado que el auge de la desco-
lonización y el nacionalismo –originalmente favorable
a la cooperación– terminó generando un efecto centrí-
fugo de proyectos e identidades "nacionales" segrega-

6   Como señala Francisco Rojas, el desarrollo de Medidas de Confianza Mutua (MCM) depende de la voluntad política de los Estados;
pero, para que esta voluntad política se haga realidad, "la existencia
de un escenario regional favorable a la cooperación y la concertación
de políticas implica que podrían establecerse MCM de mayor significación y que tuvieran un impacto en consolidar un sistema de
cooperación en materia de seguridad". Véase Francisco Rojas,
editor: *Medidas de Confianza Mutua* y verificación, FLACSO,
P&SA, FOCAL, 1995. [Presentación, p. III].

dos. Al mismo tiempo, las identidades antillana, caribeña, latinoamericana, tercermundista, también se reforzaron como parte de lo que se identificó entonces con la revolución cultural.[7]

Vehículos de cooperación interestatal, desde la Caribbean Free Trade Association (CARIFTA, 1965), el Caribbean Community and Common Market (CARICOM, 1973), hasta la Asociación de Estados del Caribe (AEC, 1995), han estado complementados culturalmente por otros como la Asociación de Historiadores del Caribe (1968), la Caribbean Studies Association (CSA, 1974), la Conferencia Caribeña de Iglesias, los encuentros de CARIFESTA.

En general, los actores no gubernamentales, desde las compañías extranjeras hasta los deportistas, han desempeñado históricamente un papel de primera línea en forjar las relaciones internacionales en el Caribe. La emergencia de nuevas fuerzas de cooperación regional a partir de los años 70, como los movimientos pacifistas, de protección ambiental y preservación de los recursos naturales han seguido desarrollándose hasta hoy.[8]

En coincidencia con el proceso de independencia respecto a Gran Bretaña a principios de la década de los 70, los nuevos Estados revitalizaron la cooperación y el integracionismo. Su visión del Caribe no se limitaba, sin embargo, a la segregación *West Indian*, sino que asumieron una identidad "caribeña" más amplia, abriendo

7 Antonio Gaztambide: "The Forces of Regional Cooperation", en UNESCO, *General History of the Caribbean*, vol. 5, Chapter 12 [meca, inédito].
8 Ibídem.

el camino para la comunicación progresiva con el resto de las islas y de la Cuenca.

Tanto el CARICOM, como la recientemente fundada Asociación de Estados del Caribe (AEC) le han otorgado un peso preponderante a la dimensión cultural de la cooperación.

CARICOM ha representado, a pesar de sus dificultades, el esfuerzo de cooperación en el terreno cultural más sostenido en el tiempo. Según su Comité Cultural Regional, la principal lección reciente ha sido que

> Aunque se reconoce la importancia de maximizar los beneficios económicos, a fin de atraer recursos financieros para promover el desarrollo cultural, se expresó preocupación ante *la amenaza del desarrollo cultural de la región por parte de influencias externas, en la medida en que se han priviligiado los beneficios económicos a expensas de la integridad y preservación culturales.*[9]

La relación entre cultura, seguridad y medio ambiente está en el centro de las preocupaciones de los mecanismos de concertación.[10] Junto a la integración económica,

9 *Summary Report of the Seventh Meeting of the Regional Cultural Committee*, Caribbean Community Secretariat, Basseterre, St. Kitts and Nevis, 11-12 March 1996, pp. 3 y 4. [Énfasis del autor].

10 *Segunda Reunión del Comité Especial de Ciencia, Tecnología, Educación, Salud y Cultura de la Asociación de Estados del Caribe. Programa de Trabajo*, ob. cit. Según los objetivos explícitos de la AEC, este mecanismo de consulta y concertación busca "lograr un desarrollo sostenido en lo cultural, económico, social, científico y tecnológico"; desarrollar el potencial del Mar Caribe como medio de interacción entre los Estados, y como parte de los recursos y activos de la región; fortalecer las estructuras institucionales y la cooperación sobre la base de reconocer "la diversidad de identidades culturales, requerimientos de desarrollo y sistemas normativos del área".

el libre comercio y las inversiones, la formulación de políticas de "cooperación en lo cultural, económico, social, científico y tecnológico; la preservación del medio ambiente y conservación de los recursos naturales, en particular del Mar Caribe", se recogen como prioridades intracaribeñas.[11]

La importancia crucial de las amenazas derivadas del medio ambiente resaltan de manera típica en el caso de los miniestados. Especialmente en el terreno de los desastres naturales, no son infrecuentes situaciones como las que se ilustra en el caso siguiente:

> *el mayor desafío que enfrenta el pueblo de Montserrat es la amenaza potencial de la erupción del volcán que ha afectado todos los aspectos del programa de trabajo del Departamento de Cultura, y, de hecho, de la vida nacional.*[12]

El Comité especial de la AEC dedicado a la cooperación en el terreno cultural, presidido por Cuba, ha identificado áreas de interés común en temas generales como tecnología de la información y biotecnología, pero sobre todo en tópicos que caen dentro de este campo de protección al medio ambiente, *i.e.*, fuentes renovables de energía, ciencias oceánicas, transferencia de tecnologías compatibles con el ecosistema, control

---

11 *Segunda Reunión del Comité Especial de Ciencia, Tecnología, Educación, Salud y Cultura de la Asociación de Estados del Caribe. Programa de Trabajo*, ob. cit. Los países caribeños son signatarios de acuerdos internacionales que controlan el transporte marítimo, la contaminación por hidrocarburos, material radiactivo, desechos tóxicos y pesca. K. Nweheid: "Inventario de acuerdos internacionales de cooperación ambiental", ob. cit., p. 103.
12 Ibídem, p. 5. [Énfasis del autor].

de desechos, uso eficiente y sustentable de los recursos naturales, turismo, entre otros.[13]

Esta problemática también se ha enfatizado como parte de una agenda llamada *política cultural regional*. Ésta tiene entre sus prioridades más sobresalientes "la preservación del medio ambiente y tratamiento del pueblo, especialmente los grupos indígenas", "el desarrollo de una legislación o de (...) modalidades de protección de la integridad cultural, "y" la protección de los derechos de propiedad intelectual".[14]

En cuanto al primer punto, los impactos humanos de las amenazas externas tienen particular relevancia desde la perspectiva de la dimensión cultural. Organizaciones no-gubernamentales representantes de minorías étnicas, como la Organización Caribeña de Pueblos Indígenas (COIP), han expresado su denuncia ante "el deterioro de sus niveles de vida y la erosión de los derechos humanos".[15]

En general, la cuestión del papel de la sociedad civil en las relaciones internacionales caribeñas ha cobrado un relieve estratégico en los últimos años.[16] Como han señalado algunos autores, lograr que el proceso de inte-

13 *Segunda Reunión del Comité Especial de Ciencia, Tecnología, Educación, Salud y Cultura de la Asociación de Estados del Caribe. Programa de Trabajo*, ob. cit. Esta es una prioridad dentro del marco del Programa de trabajo de la AEC, acordado en la II Reunión ordinaria del Consejo de Ministros en La Habana.
14 *Summary Report of the Seventh Meeting of the Regional Cultural Committee,* ob. cit., p. 39.
15 Ibídem, p. 6.
16 Se ha hecho explícita la necesidad de "explorar la posibilidad de intercambios culturales, compartiendo los gastos con organizaciones no gubernamentales". *Summary Report of the Seventh Meeting of the Regional Cultural Committee*, p. 23.

gración conduzca a la creación de instituciones y marcos legales para una participación más activa de la sociedad civil en la toma de decisiones acerca de los objetivos de la regionalización no es sólo un buen deseo, sino una medida para prevenir respuestas fundamentalistas bajo el manto de reivindicaciones culturales que tiendan a una mayor fragmentación y a la emergencia de tentaciones "globalitarias" por parte de sectores burocráticos.[17]

El asunto de la protección a la propiedad intelectual tiene también una importancia estratégica en una subregión cuya industria cultural representa un reservorio de recursos para el desarrollo. Uno de los principales problemas que se registra en las evaluaciones de actividades como CARIFESTA[18] es el papel crítico de la presencia de los medios de difusión, así como la "explotación sobre los medios de difusión". Los mecanismos de la AEC también han tratado, entre los principales asuntos referentes a la cooperación cultural, la conservación de la cultura popular tradicional, la protección de la producción audiovisual y las grabaciones musicales.

El papel protagónico de los medios en determinar el rumbo de las percepciones y aun de las decisiones políticas en asuntos estratégicos,[19] se refleja en las evaluaciones caribeñas acerca de "la importancia de las presentaciones comunitarias como foros para la disemi-

17 Andrés Serbín: "Impacto de la globalización en el Gran Caribe", en *Capítulos del Sela*, no. 46, abril-junio, 1996, pp. 125-138.
18 Las reuniones de CARIFESTA han sido evaluadas por CARICOM como vehículos para "la promoción de la camaradería y la oportunidad de cambiar ideas".
19 Joseph Tulchin ha subrayado la importancia de "la omnipresencia de los medios de difusión en las áreas del conflicto" como un rasgo peculiar de la posguerra fría respecto a otras posguerras anteriores. Véase Tulchin: ob.cit.

nación de la información acerca de las peculiaridades culturales y los elementos comunes de los países participantes".

En general, la cuestión del control trasnacional sobre los medios de difusión y sobre la propiedad intelectual de los productos culturales del Caribe –especialmente la música– plantean un reto permanente no sólo a los esfuerzos de concertación intracaribeños, sino a la propia capacidad de los Estados para preservar su patrimonio y canalizar recursos por la vía de las industrias de la cultura.

Entre las barreras culturales que han dividido a los países del Caribe, las lingüísticas han tenido un alto peso específico. La búsqueda de soluciones para el levantamiento de esos impedimentos lingüísticos, en materia de educación, es un objetivo central para lograr la confianza mutua, especialmente entre los caribeños no hispanohablantes y el resto.[20] La promoción de la integración lingüística de la región puede contribuir a facilitar la comunicación con otros mecanismos de concertación, ante los cuales las diferencias culturales han incidido –inciden– en la creación de confianza –como es el caso de la OEA–.[21]

20 *Segunda Reunión del Comité Especial de Ciencia, Tecnología, Educación, Salud y Cultura de la Asociación de Estados del Caribe*, ob. cit. La reunión del Forum de ministros de cultura de América Latina y el Caribe se ha planteado la necesidad de integrar al Sistema de Integración Cultural de América Latina y el Caribe (SICLAC) a todos los países del Caribe (incluidos los del Caribe Oriental) y avanzar en la búsqueda de soluciones para el levantamiento de las barreras lingüísticas. *Summary Report of the Seventh Meeting of the Regional Cultural Comittee*, ob. cit., pp. 24-25.
21 CARICOM "expresó preocupación por la reducción del interés de parte de la OEA respecto al sector cultural", así como sobre "las dificultades confrontadas para recibir asistencia de la OEA dirigida a la implementación de proyectos regionales". Véase *Summary Report of the Meeting of the Regional Cultural Committee*, p. 33.

Por último, en esta esfera de la educación, así como en la científico-técnica, la concertación puede lograr que los recursos escasos del Caribe se potencien significativamente. La posibilidad de propiciar encuentros entre centros universitarios caribeños,[22] y en general de facilitar el intercambio, puede permitir desarrollar una línea de formación de personal calificado en los problemas propios de la subregión –en particular la preservación del patrimonio ecológico y cultural, el desarrollo armónico del turismo y el dominio de idiomas–. La necesidad de contribuir a delinear una estrategia de desarrollo regional de la enseñanza superior acorde con estas necesidades es uno de los aspectos que debe abordar la integración caribeña más allá de sus primeros pasos. De lo contrario, el patrón tradicional de fuga de estudiantes y profesionales a los países centrales seguirá prevaleciendo, y drenando la capacidad de autosustentabilidad de la región.

Consideraciones finales

El debate sobre la globalización ha puesto de relieve la necesidad de estudiar los impactos causados por factores étnicos, tecnológicos, financieros, ideológicos y en particular por los medios de difusión sobre las situaciones nacionales, en el entorno de una nueva dinámica

22 Se estima que en el Gran Caribe hay 362 universidades, 264 institutos tecnológicos y 555 centros de educación superior de otro tipo. Del total, las tres cuartas partes se hallan en países hispanohablantes. Véase Mariana Serra y Cristóbal Díaz Morejón: "Universidades en el Caribe", en *Temas*, no. 6, abril-junio, 1996, pp. 57-65.

global, caracterizada por el influjo de circuitos culturales trasnacionales.[23]

El impacto de estos factores etno-culturales, junto a
otros de carácter financiero (la inversión extranjera),
ideológico (la crisis de los modelos alternativos al capitalismo dependiente), tecnológicos (la extensión de la
computación y las comunicaciones) y de los medios de
difusión (desde la música que se difunde hasta las
noticias que se suministran) han dejado una huella particular en las sociedades caribeñas.

La naturaleza de las conexiones trasnacionales de
estas sociedades genera redes de intereses que no siempre pueden identificarse con constelaciones de poder
económico o de intereses geoestratégicos. La existencia
de comunidades trasnacionales, un ingrediente típico de
la globalización, es el resultado de un nuevo tipo de
emigración, que mantiene un canal abierto hacia el país
de origen, impactando en sus procesos internos.[24] La
presencia de haitianos en Santo Domingo, de dominica-
nos en Puerto Rico, y de millones de caribeños sólo en
los Estados Unidos, tiene una incidencia en la dinámica
económica y cultural de las sociedades de origen, y en
sus relaciones exteriores.

Como se ha apuntado, este proceso rebasa a los
Estados para apuntar a la construcción de una "comuni-

23 Se ha hablado incluso de la necesidad de una nueva antropología
"trasnacional" capaz de estudiar estos flujos y circuitos. Cfr. A.
Appadurai: "Global Ethnoscapes: Notes and Queries for a Transna-
tional Anthropology", 1990, citado por C.J. Moneta: "La dimensión
cultural de la globalización", en *Capítulos del SELA*, no. 45, enero-
febrero, 1996.
24 Alejandro Portes: "Comunidades trasnacionales: su surgimiento e
importancia en el sistema mundial contemporáneo", en *Temas,* no. 5,
enero-marzo, 1996, pp. 109-120.

dad social" de carácter regional,[25] planteando la necesidad de que los actores de la sociedad civil participen en la toma de decisiones de ese proceso de integración. La naturaleza de este proceso determinará la evolución de la identidad cultural de estos países y el éxito relativo de la integración.

Como es evidente, no es la carencia de voluntad o de ideas sobre la institucionalización de la concertación cultural –al igual que en otras esferas– lo que explica la relativa lentitud en el avance de esta cooperación, sino la escasez de recursos para impulsarla. En el centro de este círculo vicioso no se encuentra la pobreza intrínseca de la acumulación cultural, la carencia de patrimonio o de talento, sino la falta de una infraestructura y de fuentes de financiamiento que permitan aprovechar su caudal cultural para hacer despegar un modelo de desarrollo potencialmente autosustentable –y estable– en la región del Caribe.

25 Andrés Sebín/ Anthony Bryan (ed): ob. cit.